Titelrezept

Zanderfilet im Gemüsebett

4 Zanderfilets (je etwa 150 g)
Saft von 1 Zitrone
Salz
frisch gemahlener Pfeffer

500 g Brokkoli
1 gelbe Paprikaschote
1 Zucchini
8–10 Cocktailtomaten
2–3 Stängel Thymian
2 EL Olivenöl

einige rosa Pfefferbeeren

Außerdem:
4 Bögen Pergamentpapier
oder 4 große Pergamentpapiertüten

Zubereitungszeit: 20 Minuten
Garzeit: 30–35 Minuten

Pro Portion:
E: 35 g, F: 7 g, Kh: 8 g,
kJ: 999, kcal: 237

1 Zanderfilets unter fließendem kalten Wasser abspülen und trockentupfen. Filets mit Zitronensaft beträufeln, mit Salz und Pfeffer bestreuen.

2 Brokkoli abspülen, abtropfen lassen und in Röschen teilen. Brokkoliröschen in kochendem Wasser etwa 2 Minuten blanchieren, in ein Sieb geben, mit kaltem Wasser übergießen und abtropfen lassen.

3 Paprika halbieren, entstielen, entkernen und die weißen Scheidewände entfernen. Schote waschen, abtropfen lassen und in kleine Stücke schneiden. Zucchini waschen, abtrocknen und die Enden abschneiden. Zucchini zuerst längs halbieren und dann in Scheiben schneiden. Cocktailtomaten waschen, abtrocknen und vierteln.

4 Das Gemüse in eine Schüssel geben. Thymian abspülen, abtropfen lassen, die Blättchen von den Stängeln zupfen und zum Gemüse geben. Gemüse mit Salz und Pfeffer würzen, Olivenöl unterrühren.

5 Die Gemüsemasse auf 4 Pergamentpapierbögen oder -tüten verteilen und mit einigen rosa Pfefferbeeren bestreuen. Jeweils 1 Zanderfilet darauf legen. Das Gemüse so in dem Pergamentpapier einpacken, dass der Falzrand oben liegt. Die Päckchen auf einem Backblech verteilen. Das Backblech in den Backofen schieben.

Ober-/Unterhitze: etwa 200 °C (vorgeheizt)
Heißluft: etwa 180 °C (nicht vorgeheizt)
Gas: Stufe 3–4 (nicht vorgeheizt)
Backzeit: 30–35 Minuten.

Beilage: *Salzkartoffeln.*

Dr. Oetker

Garen in der Hülle

Backpapier, Alufolie und Bratschlauch

Dr. Oetker

Garen in der Hülle

Backpapier, Alufolie und Bratschlauch

Dr. Oetker Verlag

Aroma, Duft und Genuss in Hülle und Fülle

In Brat- oder Alufolie und Pergament gegart zeigen sich Fleisch, Fisch und Gemüse von ihrer saftigsten und aromatischsten Seite. Vor dem Austrocknen bewahrt, der Geschmack auf's Beste erhalten und mit wenig Fett gegart, genießen Sie den vollen Geschmack der Zutaten. Der Eigengeschmack der Speisen kommt durch Garen in der Hülle voll zur Geltung und Sie benötigen nur wenig Fett. Und das Beste zum Schluss: Der Backofen bleibt von Spitzern verschont.

Kapitelübersicht

Kapitelübersicht

Einführung

Hinweise zu den Rezepten

Die Rezepte sind – wenn nicht anders angegeben – für 4 Personen berechnet. Lesen Sie bitte vor der Zubereitung das Rezepte einmal vollständig durch. Oft werden Arbeitsabläufe oder -zusammenhänge dann klarer. Die in den Rezepten angegebenen Gartemperaturen und -zeiten sind Richtwerte, die je nach individueller Hitzeleistung des Backofens über- oder unterschritten werden können. Bitte beachten Sie deshalb bei der Einstellung des Backofen die Gebrauchsanweisung des Herstellers.

Zubereitungszeiten

Die Zubereitungszeit beinhaltet nur die Zeit für die eigentliche Zubereitung, Gar- und Backzeiten sind gesondert ausgewiesen. Längere Wartezeiten, z. B. Kühl- und Auftauzeiten, sind nicht mit einbezogen.

Mit Bratfolie, Pergament- oder Backpapier und Alufolie braten und dünsten Sie nicht nur einfach und bequem, sondern auch gesund mit wenig oder ganz ohne Fettzugabe und außerdem äußerst schmackhaft. In Päckchen aus Alufolie, Pergamentpapier und Bratschlauch werden die Aromen vollständig erhalten. Für das Garen im Bratschlauch wird kein zusätzliches Fett benötigt. Ziehen Sie zum Öffnen der Päckchen unbedingt Schutzhandschuhe an. Sonst verbrennen Sie sich an dem heißen Dampf.

Vorteile des Garens in Hülle

Sie brauchen zum Zubereiten der Rezepte nur wenig oder kein zusätzliches Fett. Vitamine, Nährstoffe und Geschmacksstoffe werden geschont. Zugegebene Gewürze wirken intensiver - ideal für Diätkost. Diese Garmethode ist geeignet für Fleisch, Fisch, Geflügel, Wild, Gemüse, Brot und Reis. Das Gargut wird besonders zart und saftig, da der durch die Hitze erzeugte Dampf ständig in Form kleiner Tröpfchen darauf zurückfällt.

Sie sparen Arbeit und Zeit

Schieben Sie die Gargut-Päckchen auf dem Blech in den Backofen (Sie sollten das Blech so einschieben, dass es in der Mitte des Backofens ist). Das Päckchen sollte die Seitenwände nicht berühren. Jetzt müssen Sie nur noch die im Rezept angegebene Zeit auf Ihrem Timer (Küchenwecker) einzustellen. Begießen, Wenden oder Kontrollieren des Gargutes ist überflüssig. Sie müssen keine Töpfe reinigen (das Blech ist nur zur Sicherheit, wenn Sie ein Päckchen einmal nicht ganz vollständig verschlossen haben sollten). Backofen und Blech bleiben ansonsten vollkommen sauber. Fettspritzer und Schmutzkrusten gehören ebenso der Vergangenheit an wie lästiger Küchengeruch.

Päckchen aus Alufolie oder Back- oder Pergamentpapier

Alufolie, Backpapier, Pergament- oder Butterbrotpapier werden mit wenig Öl oder Butter bestrichen und dann mit dem Gargut (Gemüse, Fisch, Fleisch, Kräuter und Gewürze) belegt, locker aber dicht verschlossen und dann im Backofen gegart. In die Mitte eines rechteckig ausgeschnittenen Stück Folie wird das Gargut gelegt, danach werden die beiden langen Seiten gegeneinander darüber geschlagen. Die beiden Ränder sind dabei oben gut festzuhalten und mindestens zweimal umzuschlagen. Anschließend werden die beiden kurzen Seitenenden fest verschlossen. In Alufolie eingewickeltes Gargut können Sie in der Pfanne oder auf dem Grill garen. Päckchen aus Papier und Bratbeutel oder -schlauch sind nicht für den Grill, die Pfanne und Temperaturen über 200 °C geeignet.

Garen in Bratbeutel oder Bratschlauch

Vor dem Füllen den Bratbeutel/-schlauch weit öffnen, damit reichlich Luft das Gargut umschließt. Gargut und etwa 1 Esslöffel Flüssigkeit in den Bratbeutel/-schlauch geben. Folienende fest zusammendrehen und mit einem der beigelegten Verschlussklipse so fest wie möglich verschließen. Bratbeutel/-schlauch auf das Blech legen.
Nach dem Garen den Beutel mit einer Schere oben aufschneiden, damit Sie alles leicht entnehmen können. Zum Schluss die Flüssigkeit über das Gargut gießen oder in einen separaten Topf abfüllen und eine Sauce daraus zubereiten.

Weitere Angaben zu den Rezepten:

Die Rezepte sind sorgfältig entwickelt und getestet worden. Sie sind ausführlich und leicht nachvollziehbar beschrieben und zum leichteren Nacharbeiten in Punkte gegliedert.
Die Zutaten sind in der Reihenfolge ihrer Verwendung in einer Spalte aufgeführt, so dass Sie schnell einen Überblick bekommen. Die Rezepte enthalten besonders hervorgehoben die Gar-/Backzeit, die Zubereitungszeit sowie Nährwertangaben.

Abkürzungen

EL = Esslöffel
TL = Teelöffel
Msp. = Messerspitze
Pck. = Packung/Päckchen
g = Gramm
kg = Kilogramm
ml = Milliliter
l = Liter
Min. = Minuten
Std. = Stunden
evtl. = eventuell
geh. = gehäuft
gestr. = gestrichen
TK = Tiefkühlprodukt
°C = Grad Celsius
Ø = Durchmesser
E = Eiweiß
F = Fett
Kh = Kohlenhydrate
kcal = Kilokalorien
kJ = Kilojoule

Fleisch & Wurst

Fleisch und Wurst garen lecker und fettarm in ihrer schützenden Hülle.

Maispoulardenbrust mit Preiselbeeren und Sahne

4 Stück Maispoulardenbrust
(je 140–150 g) mit Flügelknochen
Salz
frisch gemahlener Pfeffer
40 ml Speiseöl

600 g fest kochende Kartoffeln
200 ml Schlagsahne
2 EL (etwa 60 g) Preiselbeeren
(aus dem Glas)
4 Wacholderbeeren, zerstoßen

Nach Belieben zum Garnieren:
frische Minze
Johannisbeerrispen

Außerdem:
1 Stück Bratfolie oder Bratschlauch

Zubereitungszeit: 35 Minuten
Garzeit: etwa 30 Minuten

Pro Portion:
E: 37 g, F: 19 g, Kh: 22 g,
kJ: 1728, kcal: 413

1 Poulardenbrüste unter fließendem kalten Wasser abspülen, trockentupfen, mit Salz und Pfeffer bestreuen. Speiseöl in einer Pfanne erhitzen. Poulardenbrüste von jeder Seite etwa 2 Minuten braun anbraten.

2 Kartoffeln waschen, schälen, abspülen und in Stifte schneiden. Sahne in eine Rührschüssel geben, Preiselbeeren und Wacholderbeeren unterrühren, mit Salz und Pfeffer würzen. Kartoffelstifte untermengen.

3 Die Kartoffel-Sahne-Mischung auf ein großes Stück Bratfolie oder in den Bratschlauch geben, die Poulardenbrüste darauf legen, nach Packungsanleitung verschließen und auf ein Backblech legen. Das Backblech in den Backofen schieben.

Ober-/Unterhitze: etwa 200 °C (vorgeheizt, unteres Drittel)
Heißluft: etwa 180 °C (vorgeheizt)
Gas: Stufe 3–4 (vorgeheizt, unteres Drittel)
Garzeit: etwa 30 Minuten.

4 Die Folie aufschneiden, Poulardenbrüste mit Kartoffelstiften auf vorgewärmten Tellern anrichten. Nach Belieben mit Minze und Johannisbeerrispen garnieren.

Tipp: *Statt Maispoulardenbrüste können auch Hähnchenbrustfilets verwendet werden.*

Lammrückenfilet mit Rosmarin

600 g Lammrückenfilet
Salz
frisch gemahlener Pfeffer
2 EL Speiseöl

4 Zucchini (etwa 480 g)
250 g Cocktailtomaten
4 Knoblauchzehen
2 kleine Zweige Rosmarin

Außerdem:
1 Stück Bratfolie oder Bratschlauch

Zubereitungszeit: 20 Minuten
Garzeit: 15–20 Minuten

Pro Portion:
E: 33 g, F: 10 g, Kh: 4 g,
kJ: 1012, kcal: 241

1 Lammrückenfilet unter fließendem kalten Wasser abspülen und trockentupfen, mit Salz und Pfeffer bestreuen. Etwas Speiseöl in einer Pfanne erhitzen. Lammrückenfilet kurz von beiden Seiten darin braun anbraten, herausnehmen und beiseite legen.

2 Zucchini waschen, abtrocknen und die Enden abschneiden. Tomaten waschen, trockentupfen und evtl. die Stängelansätze herausschneiden. Zucchini und Tomaten in grobe Würfel schneiden. Knoblauch abziehen und fein würfeln.

3 Zucchini-, Tomaten- und Knoblauchwürfel in einer Schüssel mischen, mit Salz und Pfeffer würzen, restliches Speiseöl unterrühren. Rosmarinzweige abspülen und trockentupfen.

4 Die Gemüsemischung auf ein großes Stück Bratfolie oder in den Bratschlauch geben, das beiseite gelegte Lammrückenfilet und die Rosmarinzweige darauf legen. Die Bratfolie oder den Bratschlauch nach Packungsanleitung verschließen und auf ein Backblech legen. Das Backblech in den Backofen schieben.

Ober-/Unterhitze: etwa 200 °C (vorgeheizt)
Heißluft: etwa 180 °C (vorgeheizt)
Gas: Stufe 3–4 (vorgeheizt)
Garzeit: 15–20 Minuten.

Beilage: *Bratkartoffeln oder Ofenkartoffeln mit Quark und Schnittlauch.*

Kräuter-Senf-Braten

800 g Schweinenacken ohne Knochen
Salz
frisch gemahlener Pfeffer
1 EL mittelscharfer Senf
1 Pck. TK-Kräuter der Provence

500 g Suppengemüse (Möhren, Porree [Lauch], Sellerie)
200 g fest kochende Kartoffeln
150 ml Fleischbrühe oder -fond

krause Petersilie zum Garnieren

Außerdem:
1 Stück Bratfolie oder Bratschlauch

Zubereitungszeit: 35 Minuten
Garzeit: etwa 60 Minuten

Pro Portion:
E: 44 g, F: 20 g, Kh: 10 g, kJ: 1664, kcal: 399

1 Schweinenacken unter fließendem kalten Wasser abspülen und trockentupfen, mit Salz und Pfeffer würzen, mit Senf bestreichen und mit etwas von den Kräutern der Provence bestreuen.

2 Suppengemüse putzen, schälen, waschen, abtropfen lassen und in etwa 1 x 1 cm große Würfel schneiden. Kartoffen waschen, schälen, abspülen und ebenfalls in 1 x 1 cm große Würfel schneiden.

3 Gemüse- und Kartoffelwürfel mit den restlichen Kräutern mischen, mit Salz und Pfeffer würzen und auf ein großes Stück Bratfolie oder in den Bratschlauch geben. Den vorbereiteten Schweinenacken darauf legen. Brühe oder Fond hinzugießen. Bratfolie oder Bratschlauch nach Packungsanleitung verschließen und auf ein Backblech legen. Das Backblech in den Backofen schieben.

Ober-/Unterhitze: etwa 180 °C (vorgeheizt, unteres Drittel)
Heißluft: etwa 160 °C (nicht vorgeheizt)
Gas: Stufe 2–3 (nicht vorgeheizt, unteres Drittel)
Garzeit: etwa 60 Minuten.

4 Die Folie aufschneiden. Den Braten herausnehmen und mit Petersilie auf einer Platte anrichten.

Tipp: *Statt Schweinenacken können Sie auch Schweineschulter, -rücken oder Kalbfleisch verwenden.*

Pikante Hähnchenunterschenkel

800 g Hähnchenschenkel
(Unterschenkel, etwa 4 Stück)
3 kleine rote, gelbe und grüne
Paprikaschoten (etwa 500 g)
500 g fest kochende Kartoffeln
Salz
frisch gemahlener Pfeffer
1–2 TL Paprikapulver edelsüß
½ gestr. TL Chilipulver
2 EL Olivenöl

glatte Petersilie

Außerdem:
1 Stück Bratfolie oder Bratschlauch

Zubereitungszeit: 30 Minuten
Garzeit: etwa 35 Minuten

Insgesamt:
E: 30 g, F: 22 g, Kh: 20 g,
kJ: 1684, kcal: 402

1 Hähnchenschenkel unter fließendem kalten Wasser abspülen und trockentupfen.

2 Paprika halbieren, entstielen, entkernen und die weißen Scheidewände entfernen. Die Schoten waschen, trockentupfen und in große Würfel schneiden. Kartoffeln waschen, schälen, abspülen und in kleine Würfel schneiden. Paprika-, Kartoffelwürfel und Hähnchenschenkel mit Salz, Pfeffer, Paprika und Chili würzen. Mit Olivenöl beträufeln.

3 Paprika-, Kartoffelwürfel und Hähnchenschenkel auf ein großes Stück Bratfolie oder in den Bratschlauch geben, nach Packungsanleitung verschließen und auf ein Backblech legen. Das Backblech in den Backofen schieben.

Ober-/Unterhitze: etwa 200 °C (vorgeheizt, unteres Drittel)
Heißluft: etwa 180 °C (nicht vorgeheizt)
Gas: Stufe 3–4 (nicht vorgeheizt, unteres Drittel)
Garzeit: etwa 35 Minuten.

4 Die Folie aufschneiden. Die Hähnchenschenkel mit dem Gemüse herausnehmen und auf vorgewärmten Tellern anrichten. Nach Belieben mit einem Petersilienzweig garnieren.

Tipp: *Statt Hähnchenunterschenkel können auch halbierte Hähnchenbrustfilets oder Hähnchenschenkel verwendet werden, dann beträgt die Garzeit etwa 50 Minuten.*

Scharfe Hähnchenflügel mit Chorizo

800 g Hähnchenflügel
1–2 EL Speiseöl

400 g milde Peperonischoten oder
4 kleine Paprikaschoten
1 Bund Frühlingszwiebeln (etwa 250 g)
150 g Chorizo-Wurst
(spanische scharfe Salami)
1 kleine scharfe Peperoni
4 EL Chilisauce, mild
Salz
frisch gemahlener Pfeffer
4 Wacholderbeeren, zerstoßen
2 EL Olivenöl

2–3 EL Chilisauce, mild zum Bestreichen

Außerdem:
1 Stück Bratfolie oder Bratschlauch

Zubereitungszeit: 20 Minuten
Garzeit: etwa 35 Minuten

Pro Portion:
E: 33 g, F: 44 g, Kh: 13 g,
kJ: 2433, kcal: 581

1 Hähnchenflügel unter fließendem kalten Wasser abspülen und trockentupfen. Speiseöl in einer Pfanne erhitzen, Hähnchenflügel von beiden Seiten darin anbraten.

2 Peperoni abspülen, längs halbieren, entkernen und die Stängelansätze entfernen. Peperoni in kleine Stücke schneiden oder Paprika halbieren, entstielen, entkernen und die weißen Scheidewände entfernen. Schoten waschen, trockentupfen und in kleine Stücke schneiden.

3 Frühlingszwiebeln putzen, waschen, abtropfen lassen und in etwa 3 cm lange Stücke schneiden. Chorizo-Wurst in kleine Würfel schneiden. Scharfe Peperoni waschen, trockentupfen und in dünne Scheiben schneiden.

4 Die vorbereiteten Zutaten (außer den Hähnchenflügeln) in eine Schüssel geben, mit Chilisauce, Salz, Pfeffer und den zerstoßenen Wacholderbeeren würzen und vermengen. Mit Olivenöl beträufeln.

5 Gemüse-Wurst-Mischung auf ein großes Stück Bratfolie oder in den Bratschlauch geben, Hähnchenflügel dick mit Chilisauce bestreichen und auf die Gemüse-Wurst-Mischung legen. Die Bratfolie oder den Bratschlauch nach Packungsanleitung verschließen und auf ein Backblech legen. Das Backblech in den Backofen schieben.

Ober-/Unterhitze: etwa 200 °C (vorgeheizt, unteres Drittel)
Heißluft: etwa 180 °C (nicht vorgeheizt)
Gas: Stufe 3–4 (nicht vorgeheizt, unteres Drittel)
Garzeit: etwa 35 Minuten.

6 Die Folie aufschneiden, Hähnchenflügel mit Chorizo herausnehmen und auf einer vorgewärmten Platte anrichten.

Currywurst-Variationen in fruchtigen Saucen

1 EL Speiseöl
6 Rostbratwürstchen, gebrüht (je etwa 90 g)
5 Geflügelwürstchen aus dem Glas (je etwa 50 g)

Für die Tomatensauce:
1 Fleischtomate (etwa 300 g)
250 ml (¼ l) Tomatenketchup
etwa ½ EL Currypulver
frisch gemahlener Pfeffer

Für die Ananas-Chilisauce:
2 Scheiben frische Ananas oder aus der Dose
1 Glas (250 g) süße Chilisauce
etwa ½ EL Currypulver
frisch gemahlener Pfeffer

Außerdem:
2 Bögen Alufolie oder
2 Pergamentpapiertüten

Zubereitungszeit: 30 Minuten, ohne Abkühlzeit
Garzeit: 15–20 Minuten

Pro Portion:
E: 33 g, F: 55 g, Kh: 32 g, kJ: 3208, kcal: 765

1 Speiseöl in einer Pfanne erhitzen. Rostbratwürstchen von beiden Seiten darin anbraten, herausnehmen und abkühlen lassen. Geflügelwürstchen abtropfen lassen.

2 Für die Tomatensauce Tomate waschen, trockentupfen, vierteln, entkernen und den Stängelansatz herausschneiden. Tomatenviertel in kleine Würfel schneiden, mit Ketchup in einer Schüssel mischen, mit Curry und Pfeffer pikant würzen.

3 Für die Ananas-Chilisauce Ananasscheiben in kleine Würfel schneiden, mit Chilisauce in einer Schüssel mischen, mit Curry und Pfeffer würzen.

4 Bratwurst und Geflügelwürstchen getrennt voneinander in mundgerechte Stücke schneiden. Bratwurststücke mit der Tomatensauce und die Geflügelwurststücke mit der Ananas-Chilisauce mischen.

5 Auf einen Bogen Alufolie die Bratwurstmischung und auf dem zweiten Bogen die Geflügelwurstmischung geben. Die Alufolie jeweils so zu einem Päckchen zusammenfalten, dass keine Flüssigkeit auslaufen kann. Oder die Mischungen in je 1 Pergamentpapiertüte füllen und die Tüte fest verschließen.

6 Die Päckchen oder Tüten auf ein Backblech legen. Das Backblech in den Backofen schieben.

Ober-/Unterhitze: etwa 200 °C (vorgeheizt)
Heißluft: etwa 180 °C (vorgeheizt)
Gas: Stufe 3–4 (vorgeheizt)
Garzeit: 15–20 Minuten.

Beilage: *Brot.*

Frühlingsplatte mit Schweinebraten

800 g Schweinefleisch (Oberschale)
Salz, frisch gemahlener Pfeffer

4 Stangen Staudensellerie
2 mittelgroße Stangen Porree (Lauch)
2 Fenchelknollen (etwa 400 g)
2 große Möhren, 4–6 kleine Tomaten

Für die Marinade:
6 EL Speiseöl
3 EL Kräuteressig, Salz,
frisch gemahlener Pfeffer, Zucker
Petersilienblättchen

Für die Avocadocreme:
1 reife Avocado
1 EL Zitronensaft
1 Knoblauchzehe
125 ml (⅛ l) Speiseöl
frisch gemahlener Pfeffer
Zwiebelsalz, Zitronensaft

Außerdem:
1 Stück Bratfolie oder Bratschlauch

Zubereitungszeit: 50 Minuten, ohne Marinierzeit
Garzeit: 1 ½ Stunden

Pro Portion:
E: 52 g, F: 51 g, Kh: 13 g, kJ: 2999, kcal: 716

1 Schweinefleisch unter fließendem kalten Wasser abspülen, trockentupfen, mit Salz und Pfeffer bestreuen, auf ein großes Stück Bratfolie oder in den Bratschlauch geben, nach Packungsanleitung verschließen und auf ein Backblech legen. Das Backblech in den Backofen schieben.

Ober-/Unterhitze: etwa 200 °C (vorgeheizt)
Heißluft: etwa 180 °C (nicht vorgeheizt)
Gas: Stufe 3–4 (nicht vorgeheizt)
Garzeit: etwa 1 ½ Stunden.

2 In der Zwischenzeit Sellerie putzen und die harten Außenfäden abziehen. Porree putzen, die Stangen längs halbieren. Sellerie und Porree waschen, abtropfen lassen. Sellerie und Porree in etwa 5 cm lange Stücke schneiden.

3 Von den Fenchelknollen die Stiele dicht oberhalb der Knollen abschneiden, braune Stellen und Blätter entfernen. Grün abschneiden. Knollen waschen, abtropfen lassen, vierteln. Möhren putzen, schälen, waschen, abtropfen lassen, in ½ cm dicke und 5 cm lange Stifte schneiden.

4 Das vorbereitete Gemüse nacheinander in kochendem Salzwasser blanchieren (Fenchel 5 Minuten, Möhren 3 Minuten, Porree 2–3 Minuten, Sellerie 1–2 Minuten). Gemüse mit kaltem Wasser übergießen, gut abtropfen lassen.

5 Tomaten waschen, kreuzweise einschneiden, einige Sekunden in kochendes Wasser legen. Tomaten kurz in kaltem Wasser abschrecken, enthäuten, halbieren, entkernen, Stängelansätze entfernen. Tomaten vierteln. Die Gemüsezutaten in eine große Schale legen.

6 Für die Marinade Speiseöl mit Essig verrühren, mit Salz, Pfeffer und Zucker würzen. Die Marinade auf den Gemüsezutaten verteilen und 2–3 Stunden durchziehen lassen, dabei ab und zu vorsichtig umrühren. Das Gemüse aus der Marinade nehmen und abtropfen lassen.

(Fortsetzung Seite 24)

7 Das gegarte Schweinefleisch aus der Folie nehmen und erkalten lassen. Schweinefleisch in dünne Scheiben schneiden, mit dem Gemüse auf einer Platte anrichten, mit Petersilienblättchen garnieren.

8 Für die Avocadocreme Avocado halbieren, entsteinen und das Fruchtfleisch vorsichtig aus der Schale lösen. Fruchtfleisch mit einem Mixstab pürieren. Zitronensaft unterrühren. Knoblauch abziehen, durch eine Knoblauchpresse drücken und hinzufügen.

9 Speiseöl esslöffelweise unterrühren, mit Pfeffer, Zwiebelsalz und Zitronensaft würzen. Die Creme in die ausgehöhlten Avocadohälften spritzen und dazu reichen.

Raffiniert

Schweinefilet, süß-sauer

500 g Schweinefilet
Salz
frisch gemahlener Pfeffer
20 g Butter

1 kleine Dose Ananasscheiben
(Abtropfgewicht 175 g)
je 1 rote und grüne Paprikaschote
(etwa 400 g)
2 Knoblauchzehen
1 Flasche klare asiatische, süße Chilisauce
(200 g)
3 EL asiatische Fischsauce

Außerdem:
1 Stück Bratfolie oder Bratschlauch

Zubereitungszeit: 25 Minuten
Garzeit: etwa 20 Minuten

Pro Portion:
E: 32 g, F: 10 g, Kh: 24 g,
kJ: 1362, kcal: 325

1 Schweinefilet unter fließendem kalten Wasser abspülen und trockentupfen. Schweinefilet in Scheiben (Medaillons) schneiden, evtl. mit einem Küchenband in Form binden. Mit Salz und Pfeffer würzen. Butter in einer Pfanne zerlassen. Die Medaillons von beiden Seiten kurz darin anbraten.

2 Ananasscheiben in einem Sieb abtropfen lassen und in je 6 Stücke schneiden. Paprika halbieren, entstielen, entkernen und die weißen Scheidewände entfernen. Die Schoten waschen, trockentupfen und in kleine Würfel schneiden. Knoblauch abziehen und fein hacken.

3 Ananasstücke mit den Paprikawürfeln und Knoblauch in einer Schüssel mischen. Chili- und Fischsauce hinzugeben und unterrühren, mit Salz und Pfeffer würzen.

4 Die Ananas-Paprika-Mischung auf ein großes Stück Bratfolie oder in den Bratschlauch geben, Schweinemedaillons darauf verteilen. Die Bratfolie oder den Bratschlauch nach Packungsanleitung verschließen und auf ein Backblech legen. Das Backblech in den Backofen schieben.

Ober-/Unterhitze: etwa 200 °C (vorgeheizt, unteres Drittel)
Heißluft: etwa 180 °C (vorgeheizt)
Gas: Stufe 3–4 (vorgeheizt, unteres Drittel)
Garzeit: etwa 20 Minuten.

Beilage: *Schmale Bandnudeln mit Sojasauce gewürzt.*

Kleine Frikadellen „Russische Art"

500 g Gehacktes (halb Rind-, halb Schweinefleisch)
1 Ei
Salz
frisch gemahlener Pfeffer
1–2 EL Speiseöl

1 Bund Frühlingszwiebeln (etwa 250 g)
250 g kleine Champignons, rosé oder weiß
1 Glas Cornichons (Abtropfgewicht 190 g)
200 ml Schlagsahne
1 TL Paprikapulver edelsüß
1 EL mittelscharfer Senf

Paprikapulver zum Bestäuben

glatte Petersilie zum Garnieren

Außerdem:
1 Stück Bratfolie oder Bratschlauch

Zubereitungszeit: 20 Minuten
Garzeit: etwa 25 Minuten

Pro Portion:
E: 29 g, F: 42 g, Kh: 8 g, kJ: 2202, kcal: 526

1 Gehacktes mit dem Ei in einer Schüssel vermengen, mit Salz und Pfeffer würzen. Aus der Masse mit angefeuchteten Händen 12 kleine Frikadellen formen. Speiseöl in einer Pfanne erhitzen und die Frikadellen von allen Seiten darin anbraten.

2 Frühlingszwiebeln putzen, waschen, abtropfen lassen, in kleine Stücke schneiden. Champignons putzen, mit Küchenpapier abreiben, evtl. kurz abspülen, trockentupfen, halbieren. Cornichons abtropfen lassen und längs vierteln.

3 Zwiebelstücke, Champignonhälften, Cornichons und Sahne in einer Schüssel mischen, mit Paprika, Senf, Salz und Pfeffer herzhaft würzen.

4 Die Gemüse-Sahne-Masse auf ein großes Stück Bratfolie oder in den Bratschlauch geben. Frikadellen mit Paprika bestäuben und auf der Gemüse-Sahne-Masse verteilen. Die Bratfolie oder den Bratschlauch nach Packungsanleitung verschließen und auf ein Backblech legen. Das Backblech in den Backofen schieben.

Ober-/Unterhitze: etwa 200 °C (vorgeheizt, unteres Drittel)
Heißluft: etwa 180 °C (vorgeheizt)
Gas: Stufe 3–4 (vorgeheizt, unteres Drittel)
Garzeit: etwa 25 Minuten.

5 Die Folie aufschneiden. Die Frikadellen mit dem Gemüse herausnehmen, auf einer Platte anrichten und mit Petersilie garnieren. Nach Belieben gegarten Reis in eine Tasse füllen und auf die Platte stürzen.

Beilage: *Reis.*

Tipp: *Tomatenreis. Dafür gegarten Reis mit Tomatenwürfeln (von frischen Tomaten) in zerlassener Butter schwenken, mit Salz, Pfeffer und Tomatenketchup abschmecken.*

Hähnchen, gefüllt

1 küchenfertiges Hähnchen (etwa 1,2 kg)
Salz
frisch gemahlener Pfeffer
Paprikapulver edelsüß

Für die Füllung:
100 g Champignons
100 g gekochter Schinken
150 g gekochter Reis
125 g feine Bratwurstmasse
2 EL gehackte Petersilie
2 EL Speiseöl
Paprikapulver, edelsüß
400 g Tomaten
1–2 EL Schlagsahne

Außerdem:
Holzstäbchen
1 Stück Bratfolie oder
Bratschlauch

Zubereitungszeit: 35 Minuten
Garzeit: etwa 60 Minuten

Pro Portion:
E: 49 g, F: 33 g, Kh: 12 g,
kJ: 2255, kcal: 538

1 Hähnchen unter fließendem kalten Wasser abspülen und trockentupfen. Hähnchen innen und außen mit Salz, Pfeffer und Paprika einreiben.

2 Für die Füllung Champignons putzen, mit Küchenpapier abreiben, evtl. kurz abspülen, trockentupfen und in Scheiben schneiden. Schinken in kleine Würfel schneiden. Reis in eine Schüssel geben, mit Bratwurstmasse, Petersilie, Champignonscheiben und Schinkenwürfeln mischen, mit Salz würzen.

3 Das Hähnchen mit der Masse füllen und mit Holzstäbchen verschließen. Speiseöl mit Salz und Paprika verrühren. Das gefüllte Hähnchen damit bestreichen und auf ein großes Stück Bratfolie oder in den Bratschlauch geben.

4 Tomaten waschen, trockentupfen, vierteln, entkernen und die Stängelansätze herausschneiden. Tomatenviertel nochmals durchschneiden, mit Salz und Pfeffer bestreuen und zum Hähnchen geben. Die Bratfolie oder den Bratschlauch nach Packungsanleitung verschließen und auf ein Backblech legen. Das Backblech in den Backofen schieben.

Ober-/Unterhitze: 180–200 °C (vorgeheizt)
Heißluft: 160–180 °C (nicht vorgeheizt)
Gas: etwa Stufe 3 (nicht vorgeheizt)
Garzeit: etwa 60 Minuten.

5 Die Folie aufschneiden, das Hähnchen herausnehmen, in Portionen teilen und mit der Füllung auf einer vorgewärmten Platte anrichten.

6 Die Bratensud mit den Tomaten durch ein Sieb passieren, Sahne unterrühren. Die Sauce mit Salz und Pfeffer abschmecken. Die Sauce zum Hähnchen reichen.

Käse-Hack-Rouladen

Für die Rouladen:
1 Brötchen (Semmel) vom Vortag
1 Zwiebel
1–2 Knoblauchzehen
600 g Rindergehacktes
1 Ei
Salz
frisch gemahlener Pfeffer
Paprikapulver edelsüß
4 dünne Scheiben durchwachsener, geräucherter Speck (80 g)
4 Scheiben Ziegenkäse (je etwa 20 g)
1 Bund glatte Petersilie
1 großer Apfel (200 g)
2–3 EL Speiseöl

Für das Gemüse:
750 g Staudensellerie
30 g Butter
125 ml (⅛ l) Fleischbrühe
250 g rotschalige Äpfel

Außerdem:
4 Bögen Alufolie

Zubereitungszeit: 65 Minuten
Garzeit: etwa 15 Minuten (Rouladen)
Garzeit: etwa 15 Minuten (Gemüse)

Pro Portion:
E: 41 g, F: 39 g, Kh: 23 g, kJ: 2541, kcal: 608

1 Für die Rouladen Brötchen in kaltem Wasser einweichen und ausdrücken. Zwiebel und Knoblauch abziehen. Zwiebel in kleine Würfel schneiden. Knoblauch durch eine Knoblauchpresse drücken.

2 Gehacktes in eine Schüssel geben. Ausgedrücktes Brötchen, Zwiebelwürfel, Knoblauch und Ei hinzugeben, gut vermengen. Mit Salz, Pfeffer und Paprika würzen.

3 Den Fleischteig in 4 Portionen teilen und mit angefeuchteten Händen auf je einem Bogen Alufolie zu einem Rechteck (etwa 9 x 22 cm) formen. Jeweils 1 Scheibe Speck und 1 Scheibe Käse darauf legen.

4 Petersilie abspülen und trockentupfen. Die Blättchen von den Stängeln zupfen. Apfel waschen, abtrocknen, entkernen und vierteln.

5 Je ein Apfelstück und einige Petersilienblättchen auf die Käsescheiben legen, mit angefeuchteten Händen zu einer Roulade aufrollen, in der Alufolie einwickeln. Darauf achten, dass der Käse gut in der Roulade „verpackt" ist.

6 Speiseöl in einer Pfanne erhitzen. Die Rouladen-Päckchen von allen Seiten darin anbraten, herausnehmen und auf ein Backblech legen. Das Backblech in den Backofen schieben.

Ober-/Unterhitze: etwa 200 °C (vorgeheizt)
Heißluft: etwa 180 °C (vorgeheizt)
Gas: Stufe 3–4 (vorgeheizt)
Garzeit: etwa 15 Minuten.

7 Für das Gemüse Sellerie putzen und die harten Außenfäden abziehen. Sellerie waschen, abtropfen lassen und in 1–2 cm lange Stücke schneiden. Butter in einem Topf

(Fortsetzung Seite 32)

zerlassen. Selleriestücke etwa 5 Minuten unter mehrmaligem Wenden darin andünsten. Brühe hinzugießen, zum Kochen bringen, zugedeckt etwa 10 Minuten garen.

8 Äpfel waschen, abtrocknen, vierteln, entkernen und in Scheiben schneiden. Apfelscheiben nach etwa 10 Minuten Garzeit zum Selleriegemüse geben und mitgaren lassen.

9 Die Rouladen herausnehmen, Alufolie entfernen und mit dem Gemüse servieren.

Beilage: *Salzkartoffeln.*

Einfach – klassisch

Lammkeule in Pergamentpapier

(6 Portionen)

1 Lammkeule (etwa 2 kg), mit Knochen
3 Knoblauchzehen
1 EL Kräuter der Provence
200 g Schafkäse

Außerdem:
1 großer Bogen Pergamentpapier
Küchengarn

Zubereitungszeit: 15 Minuten
Garzeit: etwa 2 ½ Stunden

Pro Portion:
E: 63 g, F: 19 g, Kh: 0 g,
kJ: 1782, kcal: 425

1 Lammkeule unter fließendem kalten Wasser abspülen, trockentupfen. Das Lammfleisch mit einem Schaschlikspieß oder einem spitzen Messer schräg einstechen. Knoblauch abziehen, in Stifte schneiden, das Lammfleisch damit spicken, mit Kräutern der Provence bestreuen.

2 Die Lammkeule auf ein großes Stück Pergamentpapier legen. Schafkäse in Scheiben schneiden und auf der Lammkeule verteilen. Das Pergamentpapier mehrmals um die Lammkeule wickeln und mit Küchengarn verschnüren. Die eingewickelte Lammkeule in eine Fettfangschale legen. Die Fettfangschale in den Backofen schieben.

Ober-/Unterhitze: etwa 200 °C (vorgeheizt)
Heißluft: etwa 180 °C (nicht vorgeheizt)
Gas: Stufe 3–4 (nicht vorgeheizt)
Garzeit: etwa 2 ½ Stunden.

3 Die Fettfangschale auf einen Rost stellen. Die Lammkeule etwa 10 Minuten „ruhen" lassen, dann aus dem Pergamentpapier herausnehmen und in Scheiben schneiden.

Beilage: *Grüne Bohnen und Bratkartoffeln.*

Senfbraten

1 kg Kotelettstück mit Filet, vom Schwein (ohne Knochen)
Salz
frisch gemahlener Pfeffer

Für die Füllung:
2 Zwiebeln
1 Knoblauchzehe
2 EL scharfer Senf
2 EL französischer Gewürzsenf
2 Bund gemischte, gehackte Kräuter

Nach Belieben zum Garnieren:
Kerbelblättchen
Tomatenröschen

Außerdem:
1 Stück Bratfolie oder Bratschlauch
Küchengarn

Zubereitungszeit: 25 Minuten
Garzeit. etwa 60 Minuten

Pro Portion:
E: 56 g, F: 14 g, Kh: 3 g,
kJ: 1514, kcal: 361

1 Kotelettstück unter fließendem kalten Wasser abspülen und trockentupfen. Das Fleisch mit einem scharfen Messer längs tief einschneiden, mit Salz und Pfeffer einreiben.

2 Für die Füllung Zwiebeln abziehen und in kleine Würfel schneiden. Knoblauch abziehen und durch eine Knoblauchpresse drücken. Beide Sorten Senf mit den Kräutern, Zwiebelwürfeln und Knoblauch verrühren.

3 Gut zwei Drittel der Kräutermasse in den Fleischeinschnitt füllen und das Fleisch rundherum mit der restlichen Kräutermasse bestreichen. Das Fleisch mit Küchengarn umwickeln, auf ein großes Stück Bratfolie oder in den Bratschlauch geben und auf ein Backblech legen. Die Bratfolie oder den Bratschlauch nach Packungsanleitung verschließen. Das Backblech in den Backofen schieben.

Ober-/Unterhitze: etwa 200 °C (vorgeheizt)
Heißluft: etwa 180 °C (nicht vorgeheizt)
Gas: Stufe 3–4 (nicht vorgeheizt)
Garzeit: etwa 60 Minuten.

4 Das gare Fleisch aus dem Backofen nehmen, kurze Zeit ruhen lassen, dann die Folie aufschneiden, den Braten herausnehmen und erkalten lassen. Küchengarn entfernen.

5 Den Braten in Scheiben schneiden und auf einer Platte anrichten. Nach Belieben mit Kerbelblättchen und Tomatenröschen garnieren.

Beilage: *Butterkartoffeln oder Kartoffelgratin.*

Tipp: *Wenn der Braten warm serviert werden soll, dann aus dem Bratensatz eine Sauce zubereiten und dazu reichen.*

Entenbraten mit Zwiebeln in Folie
(2 Portionen)

1 kleine küchenfertige Ente (etwa 1,2 kg)
Salz
frisch gemahlener Pfeffer
Paprikapulver edelsüß
40 g zerlassene Butter

Für das Gemüse:
250 g Perlzwiebeln
300 g Tomaten
1 grüne Paprikaschote
250 ml (¼ l) Weißwein

150 g saure Sahne
Zucker

1 Bund glatte Petersilie

Außerdem:
1 Stück Bratfolie oder Bratschlauch

Zubereitungszeit: 25 Minuten
Garzeit: etwa 60 Minuten

Pro Portion:
E: 94 g, F: 108 g, Kh: 32 g,
kJ: 6460, kcal: 1540

1 Die Ente von innen und außen unter fließendem kalten Wasser abspülen und trockentupfen. Die Ente innen und außen mit Salz, Pfeffer und Paprika einreiben, mit Butter bestreichen.

2 Für das Gemüse Zwiebeln abziehen. Tomaten waschen, kreuzweise einschneiden, einige Sekunden in kochendes Wasser legen. Tomaten kurz in kaltem Wasser abschrecken, enthäuten, vierteln, entkernen, Stängelansätze entfernen. Paprika halbieren, entstielen, entkernen und die weißen Scheidewände entfernen. Die Schote waschen, trockentupfen und in kleine Würfel schneiden.

3 Die Ente in die Mitte der Bratfolie oder in den Bratschlauch legen, das vorbereitete Gemüse darum verteilen. Etwa 100 ml Wein hinzugießen. Die Bratfolie oder den Bratschlauch nach Packungsanleitung verschließen und auf ein Backblech legen. Das Backblech in den Backofen schieben.

Ober-/Unterhitze: etwa 200 °C (vorgeheizt)
Heißluft: etwa 180 °C (nicht vorgeheizt)
Gas: Stufe 3–4 (nicht vorgeheizt)
Garzeit: etwa 60 Minuten.

4 Die Folie aufschneiden. Die Ente mit dem Gemüse herausnehmen und auf einer vorgewärmten Platte anrichten.

5 Den Bratensud mit dem restlichen Wein zum Kochen bringen, etwas einkochen lassen. Topf von der Kochstelle nehmen. Saure Sahne unterrühren. Die Sauce mit Salz, Pfeffer und Zucker abschmecken.

6 Petersilie abspülen, trockentupfen. Die Blättchen von den Stängeln zupfen, klein hacken. Das Gemüse mit der Petersilie bestreuen. Die Ente mit dem Gemüse und der Sauce servieren.

Hähnchen-Gurken-Ragout mit Dill

4 Hähnchenbrustfilets (je etwa 150 g)
1 Salat- oder Schmorgurke (etwa 600 g)
1 Bund frischer Dill
Salz
frisch gemahlener Pfeffer
2 EL Olivenöl

einige frische Dillspitzen zum Garnieren

Außerdem:
1 Stück Bratfolie oder Bratschlauch

Zubereitungszeit: 20 Minuten
Garzeit: etwa 30 Minuten

Pro Portion:
E: 36 g, F: 6 g, Kh: 2 g,
kJ: 890, kcal: 213

1 Hähnchenbrustfilets unter fließendem kalten Wasser abspülen, trockentupfen und in mundgerechte Würfel schneiden.

2 Salat- oder Schmorgurke waschen, abtrocknen, längs halbieren und entkernen. Gurkenhälften in Stücke schneiden. Dill abspülen und trockentupfen. Die Spitzen von den Stängeln zupfen. Spitzen grob zerkleinern.

3 Fleischwürfel, Gurkenstücke und Dill in einer Schüssel mischen, mit Salz und Pfeffer würzen, mit Olivenöl beträufeln.

4 Fleisch-Gurken-Mischung auf ein großes Stück Bratfolie oder in den Bratschlauch geben, nach Packungsanleitung verschließen und auf ein Backblech legen. Das Backblech in den Backofen schieben.

Ober-/Unterhitze: etwa 200 °C (vorgeheizt)
Heißluft: etwa 180 °C (vorgeheizt)
Gas: Stufe 3–4 (vorgeheizt)
Garzeit: etwa 30 Minuten.

5 Die Folie aufschneiden. Hähnchen-Gurken-Ragout herausnehmen und in einer Schale anrichten. Mit Dillspitzen garniert servieren.

Beilage: *Ofenwarmes Baguette oder Salzkartoffeln.*

Tipp: *Die Fleisch-Gurken-Mischung zusätzlich in einer beschichteten Pfanne unter Wenden anbraten, so entwickelt sich durch die Röststoffe ein besonderes Aroma. Hähnchen-Gurken-Ragout mit Dillzweigen garniert servieren.*

Fisch

Fisch ist der Leckerschmecker aus der Hülle.

Lachsforelle auf dem Gemüsebett

4 Lachsforellenfilets ohne Haut und Gräten (je etwa 140 g)
Salz
frisch gemahlener Pfeffer
etwas Zitronen- oder Limettensaft
1 Bund Suppengemüse (Porree [Lauch] Sellerie, Möhren, etwa 500 g)
200 g fest kochende Kartoffeln
100 ml trockener Weißwein

Außerdem:
2 Stück Bratfolie oder 2 Bratschläuche

Zubereitungszeit: 25 Minuten
Garzeit: etwa 30 Minuten

Pro Portion:
E: 30 g, F: 5 g, Kh: 10 g,
kJ: 959, kcal: 229

1 Forellenfilets unter fließendem kalten Wasser abspülen und trockentupfen, mit Salz und Pfeffer bestreuen, mit Limetten- oder Zitronensaft beträufeln.

2 Suppengemüse putzen, schälen, waschen, abtropfen lassen und in Streifen schneiden. Kartoffeln waschen, schälen, abspülen, abtropfen lassen und in Würfel schneiden oder Kartoffeln auf dem Gemüsehobel grob zerkleinern. Das vorbereitete Gemüse in einer Schüssel mischen, Wein hinzugießen, mit Salz und Pfeffer würzen.

3 Jeweils die Hälfte der Gemüsemischung auf je ein großes Stück Bratfolie oder in je einen Bratschlauch geben, jeweils 2 Forellenfilets darauf legen. Die Bratfolien oder die Bratschläuche nach Packungsanleitung verschließen und auf ein Backblech legen. Das Backblech in den Backofen schieben.

Ober-/Unterhitze: etwa 200 °C (vorgeheizt, unteres Drittel)
Heißluft: etwa 180 °C (vorgeheizt)
Gas: Stufe 3–4 (vorgeheizt, unteres Drittel)
Garzeit: etwa 30 Minuten.

Beilage: *Butterkartoffeln, mit Petersilie bestreut.*

Garnelen und Fenchel

600 g TK-Garnelen, geschält
2 Fenchelknollen (etwa 600 g)
1 Pck. Feta-Käse (Abtropfgewicht 200 g)
1 Bund glatte Petersilie
2 Knoblauchzehen
2–3 EL Olivenöl
Salz
frisch gemahlener Pfeffer

etwas Speiseöl zum Bestreichen

Zum Garnieren:
Zitronenspalten von 1 Bio-Zitrone
(unbehandelt, ungewachst)
glatte Petersilie

Außerdem:
2 große Bögen Alufolie

Zubereitungszeit: 25 Minuten, ohne Auftauzeit
Garzeit: etwa 30 Minuten

Pro Portion:
E: 43 g, F: 21 g, Kh: 6 g, kJ: 1611, kcal: 385

1 Garnelen nach Packungsanleitung auftauen, evtl. kurz unter fließendem kalten Wasser abspülen und trockentupfen.

2 Von den Fenchelknollen die Stiele dicht oberhalb der Knollen abschneiden, braune Stellen und Blätter entfernen. Wurzelenden gerade schneiden. Fenchelknollen waschen, halbieren, abtropfen lassen und in dünne Scheiben oder Stifte schneiden. Das zarte Grün der Knollen ebenfalls waschen, abtropfen lassen und klein schneiden. Feta-Käse abtropfen lassen und in kleine Würfel schneiden. Petersilie abspülen und trockentupfen. Die Blättchen von den Stängeln zupfen. Blättchen grob zerkleinern. Knoblauch abziehen und durch eine Knoblauchpresse drücken.

3 Garnelen mit den vorbereiteten Zutaten in eine Schüssel geben, Olivenöl untermischen, mit Salz und Pfeffer würzen. Auf je einen Bogen Alufolie (gefettet) die Hälfte der Garnelen-Gemüse-Mischung geben. Die Alufolie jeweils so zu einem Päckchen zusammenfalten, dass keine Flüssigkeit auslaufen kann. Die Päckchen auf ein Backblech legen und in den Backofen schieben.

Ober-/Unterhitze: etwa 200 °C (vorgeheizt)
Heißluft: etwa 180 °C (vorgeheizt)
Gas: Stufe 3–4 (vorgeheizt)
Garzeit: etwa 30 Minuten.

4 Zum Garnieren Zitrone waschen, trockenreiben und in Spalten schneiden. Petersilie abspülen und trockentupfen. Die Blättchen von den Stängeln zupfen.

5 Die Päckchen aus dem Backofen nehmen, öffnen, Garnelen und Fenchel herausnehmen und auf einer vorgewärmten Platte anrichten. Mit Zitronenspalten und Petersilienblättchen garniert servieren.

Beilage: *Salzkartoffeln oder frisch gebackenes, ofenwarmes Knoblauchbrot.*

Grüne Muscheln am Spieß

560 g grüne TK-Muscheln
(Muschelfleisch von Grünschalmuscheln,
12 Muscheln pro Portion)
24 dünne Scheiben Frühstücksspeck
(etwa 300 g)
100 g Knoblauch-Kräuterbutter
frisch gemahlener Pfeffer

Außerdem:
Alufolie
Grillspieße aus Holz oder Metall

Zubereitungszeit: 25 Minuten, ohne Auftauzeit
Backzeit: etwa 20 Minuten

Pro Portion:
E: 27 g, F: 24 g, Kh: 7 g, kJ: 1454, kcal: 350

1 Muscheln nach Packungsanleitung oder über Nacht im Kühlschrank auftauen lassen. Speckscheiben quer halbieren.

2 Die einzelnen Muscheln mit je einer halbierten Speckscheibe umwickeln und auf Spieße stecken (je Spieß 6 Muscheln).

3 Butter zerlassen. Muschelspieße auf ein Backblech (mit Alufolie belegt) legen und mit der zerlassenen Butter bestreichen, mit Pfeffer bestreuen. Spieße mit Alufolie zudecken. Das Backblech in den Backofen schieben.

Ober-/Unterhitze: etwa 200 °C (vorgeheizt)
Heißluft: etwa 180 °C (vorgeheizt)
Gas: Stufe 3–4 (vorgeheizt)
Backzeit: etwa 20 Minuten.

Beilage: *Frisch gebratene Knoblauchbrotscheiben und frische Salate in Essig-Öl-Dressing.*

Tipp: *Zusätzlich Limetten- oder Zitronenhälften mitbacken lassen.*

Kabeljaustücke auf Tomaten-Lauch-Gemüse

640 g TK-Kabeljaufilet
1 Stange Porree (Lauch, etwa 200 g)
400 g Cocktailtomaten
Salz
frisch gemahlener Pfeffer
100 ml Weißwein
2 EL Speiseöl

einige Schnittlauchhalme zum Garnieren

Außerdem:
1 Stück Bratfolie oder Bratschlauch

Zubereitungszeit: 20 Minuten, ohne Auftauzeit
Garzeit: 25–30 Minuten

Pro Portion:
E: 29 g, F: 6 g, Kh: 4 g, kJ: 865, kcal: 207

1 Kabeljaufilets nach Packungsanleitung auftauen lassen. Kabeljaufilets unter fließendem kalten Wasser abspülen und trockentupfen.

2 Porree putzen, die Stange längs halbieren, waschen, abtropfen lassen und in kleine Stücke schneiden. Tomaten waschen, trockentupfen, halbieren, entkernen und die Stängelansätze herausschneiden. Tomaten in große Würfel schneiden.

3 Kabeljaufilets in mundgerechte Stücke schneiden und in eine Schüssel geben. Porreestücke und Tomatenwürfel untermengen. Mit Salz und Pfeffer würzen, Weißwein und Speiseöl hinzufügen.

4 Die Fisch-Gemüse-Mischung auf ein großes Stück Bratfolie oder in den Bratschlauch geben, nach Packungsanleitung verschließen und auf ein Backblech legen. Das Backblech in den Backofen schieben.

Ober-/Unterhitze: etwa 200 °C (vorgeheizt, unteres Drittel)
Heißluft: etwa 180 °C (vorgeheizt)
Gas: Stufe 3–4 (vorgeheizt, unteres Drittel)
Garzeit: 25–30 Minuten.

5 Die Folie aufschneiden, Kabeljaustücke mit dem Gemüse herausnehmen, auf einer vorgewärmten Platte anrichten, mit Schnittlauchhalmen garnieren und sofort servieren.

Beilage: *Kartoffelstifte mit gehackten Kräutern in Butter geschwenkt.*

Asiatische Lachsstücke

600 g Lachsfilet, frisch oder TK-Lachsfilet, ohne Haut und Gräten
25 g getrocknete Mu-Err-Pilze (schwarze Baumpilze)
1 Bund Frühlingszwiebeln (etwa 250 g)
1 Dose Sojabohnenkeimlinge (Abtropfgewicht 175 g)
1 Dose Bambussprossen in Streifen (Abtropfgewicht 175 g)
2 EL Sojasauce
2 EL Fischsauce
frisch gemahlener Pfeffer

Außerdem:
1 Stück Bratfolie oder Bratschlauch

Zubereitungszeit: 25 Minuten, ohne Auftau- und Einweichzeit
Garzeit: etwa 20 Minuten

Pro Portion:
E: 36 g, F: 13 g, Kh: 9 g, kJ: 1219, kcal: 292

1 Lachsfilet unter fließendem kalten Wasser abspülen und trockentupfen, TK-Lachsfilet vorher nach Packungsanleitung auftauen lassen.

2 Mu-Err-Pilze 5–10 Minuten in kaltem Wasser einweichen. Frühlingszwiebeln putzen, waschen, abtropfen lassen und in etwa 3 cm lange Stücke schneiden. Sojabohnenkeimlinge und Bambussprossen getrennt in je einem Sieb abtropfen lassen.

3 Lachsfiletstücke mit Frühlingszwiebelstücken, Sojabohnenkeimlingen und Bambussprossen in einer Schüssel mischen, Sojasauce und Fischsauce hinzufügen, mit Pfeffer würzen.

4 Die Fisch-Gemüse-Mischung auf ein großes Stück Bratfolie oder in den Bratschlauch geben, nach Packungsanleitung verschließen und auf ein Backblech legen. Das Backblech in den Backofen schieben.

Ober-/Unterhitze: etwa 200 °C (vorgeheizt)
Heißluft: etwa 180 °C (vorgeheizt)
Gas: Stufe 3–4 (vorgeheizt)
Garzeit: etwa 20 Minuten.

5 Die Folie aufschneiden. Die asiatischen Lachsstücke auf einer vorgewärmten Platte anrichten und sofort servieren.

Beilage: *Curryreis. Dafür etwas Butter oder Speiseöl in einer Pfanne erhitzen, 1 Teelöffel Currypulver hinzufügen. Gegarten Reis hinzugeben und gut verrühren, mit Salz abschmecken.*

Gefüllte Schollenfilets in der Pergamenthülle

4 doppelte Schollenfilets (je etwa 140 g)
Salz
frisch gemahlener weißer Pfeffer
200 g Staudensellerie
160 g frische Champignons
1 Zwiebel (etwa 60 g)
1 Bio-Limette (unbehandelt, ungewachst)
2 EL Olivenöl

Außerdem:
2 Bögen Pergamentpapier oder 2 große Pergamentpapiertüten

Zubereitungszeit: 30 Minuten
Garzeit: 30–35 Minuten

Pro Portion:
E: 27 g, F: 8 g, Kh: 2 g,
kJ: 790, kcal: 190

1 Schollenfilets unter fließendem kalten Wasser abspülen und trockentupfen. Filets längs halbieren, so dass 8 Filets entstehen. Mit Salz und Pfeffer bestreuen. Jeweils ein Filet mit der Hautseite nach innen aufrollen.

2 Sellerie putzen und die harten Außenfäden abziehen. Sellerie waschen, abtropfen lassen, in dünne Scheiben schneiden. Champignons putzen, mit Küchenpapier abreiben, evtl. kurz abspülen, trockentupfen, vierteln. Zwiebel abziehen und in Würfel schneiden. Limette waschen, abtrocknen und in schmale Spalten schneiden.

3 Das vorbereitete Gemüse mit den Limettenspalten in einer Schüssel mischen, mit Salz und Pfeffer würzen, Olivenöl unterrühren. Die Gemüsemasse auf 2 Pergamentpapierbögen oder -tüten verteilen. Jeweils 4 Schollenfiletröllchen darauf legen. Das Gemüse so in dem Pergamentpapier einpacken, dass der Falzrand oben liegt. Die Päckchen auf ein Backblech legen. Das Backblech in den Backofen schieben.

Ober-/Unterhitze: etwa 200 °C (vorgeheizt)
Heißluft: etwa 180 °C (nicht vorgeheizt)
Gas: Stufe 3–4 (nicht vorgeheizt)
Garzeit: 30–35 Minuten.

Beilage: *Salzkartoffeln.*

Tipp: *Die Päckchen portionsweise mit einer Gemüseportion und 2 Fischröllchen füllen und garen. Statt Pergamentpapier Backpapier verwenden und wie ein Bonbon einwickeln. Die Schollenfilets nach Belieben vor dem Aufrollen mit Porreestreifen belegen. Dafür 1 Porreestange putzen, die Stange längs halbieren, waschen, abtropfen lassen und in lange Streifen schneiden. Jeweils einen Porreestreifen auf die Schollenfilets legen und aufrollen.*

Tunfischsteaks in Kräutern und Knoblauch

Zum Vorbereiten:
4 Bögen Alufolie
1 ½ EL Speiseöl

4 Tunfischsteaks (je etwa 130 g)
½ Pck. TK-Kräuter der Provence
2–3 Knoblauchzehen

Salz
frisch gemahlener, grober bunter Pfeffer

Zubereitungszeit: 40 Minuten, ohne Auftau- und Durchziehzeit
Garzeit: etwa 20 Minuten

Pro Portion:
E: 32 g, F: 26 g, Kh: 1 g, kJ: 1511, kcal: 361

1 Zum Vorbereiten Alufolie auf einer Seite mit Speiseöl bestreichen und auf eine Arbeitsfläche legen.

2 Tunfischsteaks unter fließendem kalten Wasser abspülen und trockentupfen.

3 Kräuter der Provence auftauen lassen. Knoblauch abziehen, in sehr dünne Scheiben schneiden und mit den Kräutern mischen.

4 Je ein Tunfischsteak auf je ein mit Speiseöl bestrichenes Stück Alufolie legen. Die Tunfischsteaks mit der Kräuter-Knoblauch-Masse bestreichen, mit Salz und Pfeffer bestreuen. Die Tunfischsteaks jeweils in der Alufolie zu einem Päckchen einpacken und im Kühlschrank über Nacht durchziehen lassen.

5 Die Tunfischsteak-Päckchen auf ein Backblech legen. Das Backblech in den Backofen schieben.

Ober-/Unterhitze: etwa 200 °C (vorgeheizt)
Heißluft: etwa 180 °C (nicht vorgeheizt)
Gas: Stufe 3–4 (nicht vorgeheizt)
Garzeit: etwa 20 Minuten.

Beilage: *Ein bunt gemischter Salat aus Paprikaschoten- und Zucchiniwürfeln, Tomaten- und Olivenscheiben in Essig-Öl-Dressing, Baguette oder andere Brotsorten.*

Tipp: *Sie können die Tunfischsteaks auch auf dem Grill garen, dann die Tunfischsteak-Päckchen auf den heißen Grill legen und unter gelegentlichem Wenden etwa 15 Minuten grillen.*

Forellen im Silberkleid

4 küchenfertige Forellen (je 300 g)
Salz
frisch gemahlener Pfeffer

Für die Füllung:
2 kleine Fenchelknollen (je 200 g)
40 g Butter
Salz
frisch gemahlener Pfeffer
2 Orangen
Orangensaft
1 Bund Dill

Außerdem:
4 Bögen Alufolie

Zubereitungszeit: 55 Minuten
Garzeit: etwa 25 Minuten

Pro Portion:
E: 53 g, F: 17 g, Kh: 10 g,
kJ: 1697, kcal: 405

1 Forellen innen und außen unter fließendem kalten Wasser abspülen und trockentupfen. Forellen mit Salz und Pfeffer bestreuen.

2 Für die Füllung die Stiele der Fenchelknollen dicht oberhalb der Knollen abschneiden. Braune Stellen und Blätter entfernen. Die Wurzelenden gerade schneiden. Die Knollen waschen, halbieren und in Scheiben schneiden. Scheiben halbieren.

3 Butter in einem Topf zerlassen. Die halbierten Fenchelscheiben darin andünsten. Mit Salz und Pfeffer würzen.

4 Orangen so dick mit einem Messer abschälen, dass auch die weiße Haut mit entfernt wird. Orangen filetieren, dabei den Saft in einer Schüssel auffangen. Orangenfilets und -saft unter die Fenchelscheiben heben. Dill abspülen, trockentupfen, fein schneiden und ebenfalls unterheben.

5 Die Forellen mit der Fenchelmasse füllen. Jeweils 1 Forelle auf ein Stück Alufolie legen und fest verschließen.

6 Die Forellen in der Folie auf ein Backblech legen. Das Backblech in den Backofen schieben.

Ober-/Unterhitze: etwa 200 °C (vorgeheizt)
Heißluft: etwa 180 °C (vorgeheizt)
Gas: Stufe 3–4 (vorgeheizt)
Garzeit: etwa 25 Minuten.

Beilage: *Bunt gemischter Blattsalat.*

Tipp: *Sie können die Forellen auch auf dem Grill graen, dann die Forellen in der Folie auf den heißen Grill legen und unter gelegentlichem Wenden etwa 30 Minuten grillen.*

Provenzalische Kabeljaufilets

2 Pck. TK-Kabeljaufilet (je 400 g)
150 ml trockener Weißwein, z. B. Riesling
1 Pck. TK-Kräuter der Provence
1 ½–2 EL Speiseöl
Saft von 1 Zitrone
Salz
frisch gemahlener Pfeffer

Außerdem:
4 Bögen Alufolie

Zubereitungszeit: 20 Minuten, ohne Auftau-, Abkühl- und Durchziehzeit
Garzeit: etwa 30 Minuten

Pro Portion:
E: 35 g, F: 6 g, Kh: 1 g, kJ: 948, kcal: 227

1 Kabeljaufilets nach Packungsanleitung auftauen lassen. Filets unter fließendem kalten Wasser abspülen und trockentupfen.

2 Weißwein mit Kräutern und Speiseöl mischen, in einem Topf zum Kochen bringen und erkalten lassen.

3 Kabeljaufilets in eine flache Schale legen. Den Weißweinsud mit Zitronensaft, Salz und Pfeffer würzen. Den Sud auf den Fischfiletstücken verteilen und zugedeckt im Kühlschrank durchziehen lassen.

4 Die Fischfiletstücke aus dem Sud nehmen. Je ein Stück Fischfilet in je einen Bogen Alufolie wickeln. Die Fischpäckchen auf ein Backblech legen. Das Backblech in den Backofen schieben.

Ober-/Unterhitze: etwa 200 °C (vorgeheizt)
Heißluft: etwa 180 °C (vorgeheizt)
Gas: Stufe 3–4 (vorgeheizt)
Garzeit: etwa 30 Minuten.

5 Restlichen Sud in einen kleinen Topf geben, zum Kochen bringen und etwa um die Hälfte einkochen lassen. Den gegrillten Fisch damit beträufeln.

Beilage: *Kartoffelsalat mit Radieschen und Schnittlauch.*

Tipp: *Sie können die Fischfilets auch auf dem Grill garen, dann die Fischpäckchen auf den heißen Grill legen und 10–12 Minuten grillen.*

Heilbutt mit Gemüse

4 frische Heilbuttfilets (je 200 g)

400 g Möhren
300 g Knollensellerie
1 Stange Porree (Lauch)
60 g Butter
1 gestr. TL Salz
etwas Zitronensaft und -schale von
1 Bio-Zitrone (unbehandelt, ungewachst)

Salz
frisch gemahlener Pfeffer

einige Kerbelblättchen zum Garnieren

Außerdem:
4 Bögen Alufolie

Zubereitungszeit: 35 Minuten
Garzeit: etwa 20 Minuten

Pro Portion:
E: 52 g, F: 17 g, Kh: 4 g,
kJ: 1597, kcal: 382

1 Heilbuttfilets kurz unter fließendem kalten Wasser abspülen und trockentupfen.

2 Möhren und Sellerie putzen, schälen, waschen, abtropfen lassen und in sehr kleine Würfel schneiden. Porree putzen und die Stangen längs halbieren. Porree gründlich waschen, abtropfen lassen und in Streifen schneiden.

3 Butter in einem Topf zerlassen. Möhren-, Selleriewürfel und Porreestreifen portionsweise darin andünsten. Mit Salz, Zitronensaft und -schale würzen.

4 Jeweils etwas von der Gemüsemasse auf je einen Bogen Alufolie geben. Je ein Stück Heilbuttfilet darauf legen. Mit Salz und Pfeffer bestreuen. Jeweils 1 Heilbuttfilet mit der Gemüseportion in der Alufolie einpacken.

5 Die Heilbuttfilet-Gemüse-Päckchen auf ein Backblech legen. Das Backblech in den Backofen schieben.

Ober-/Unterhitze: etwa 200 °C (vorgeheizt)
Heißluft: etwa 180 °C (vorgeheizt)
Gas: Stufe 3–4 (vorgeheizt)
Garzeit: etwa 20 Minuten.

6 Die Heilbuttfilet-Päckchen öffnen und jeweils auf einen Teller legen. Heilbuttfilets mit Kerbelblättchen garnieren und in der Folie servieren.

Beilage: *Stangenbaguette, Fladenbrot oder Reis.*

Tipp: *Sie können die Heilbuttfilets auch auf dem Grill garen, dann die Heilbuttfilet-Gemüse-Päckchen auf den vorgeheizten Grill legen und unter gelegentlichem Wenden etwa 25 Minuten grillen.*

Lachsschnitten mit Dill und Gurken-Tomaten-Salat

Zum Vorbereiten:
4 Bögen Alufolie
1 EL Speiseöl

2 Pck. TK-Lachsfilet (je 250 g, 2 Filets je Pck.)
Salz
frisch gemahlener Pfeffer
1 Pck. gehackter TK-Dill
½ Bio-Zitrone (unbehandelt, ungewachst)

Für den Gurken-Tomaten-Salat:
350 g Cocktailtomaten
½ Salatgurke (etwa 400 g)
1 ½–2 EL Kräuteressig
Salz
frisch gemahlener Pfeffer
2–3 EL Speiseöl

Zubereitungszeit: 65 Minuten, ohne Antau- und Durchziehzeit
Garzeit: etwa 30 Minuten

Pro Portion:
E: 27 g, F: 17 g, Kh: 4 g, kJ: 1159, kcal: 277

1 Zum Vorbereiten Alufolie auf einer Seite mit Speiseöl bestreichen und auf einer Arbeitsfläche ausbreiten.

2 Lachsfilets antauen lassen, mit Salz und Pfeffer bestreuen. Je ein Stück Lachsfilet auf je einen Bogen Alufolie legen.

3 Lachsfilets mit zwei Drittel des Dills bestreuen. Zitrone abwaschen, trockentupfen und in Scheiben schneiden. Die Lachsfiletstücke mit je einer Zitronenscheibe belegen und in der Alufolie einpacken.

4 Für den Salat Tomaten waschen, abtrocknen und die Stängelansätze herausschneiden. Tomaten halbieren. Gurke schälen, in dünne Scheiben schneiden oder hobeln. Essig mit Salz und Pfeffer würzen, Speiseöl unterschlagen. Gurkenscheiben und Tomatenhälften in eine Schüssel geben, mit der Marinade vermengen und mit dem restlichen Dill bestreuen. Den Salat zugedeckt im Kühlschrank etwa 1 Stunde durchziehen lassen.

5 Die Lachsfilet-Päckchen auf ein Backblech legen. Das Backblech in den Backofen schieben.

Ober-/Unterhitze: etwa 200 °C (vorgeheizt)
Heißluft: etwa 180 °C (vorgeheizt)
Gas: Stufe 3–4 (vorgeheizt)
Garzeit: etwa 30 Minuten.

6 Die Lachsfilets aus der Alufolie nehmen, auf einer vorgewärmten Platte anrichten und mit dem Salat servieren.

Beilage: *Reis oder Kartoffelgratin.*

Tipp: *Sie können die Lachsfilets auch auf dem Grill garen, dann die Lachsfilet-Päckchen auf den heißen Grill legen und unter gelegentlichem Wenden etwa 15 Minuten grillen.*

Makrelen auf Mittelmeerart

4 küchenfertige Makrelen (je 350 g)
Salz
frisch gemahlener Pfeffer

Für die Füllung:
3 Fleischtomaten
15 schwarze entsteinte Oliven
gerebelter Oregano
1 Bund glatte Petersilie

einige Basilikumblättchen zum Garnieren

Außerdem:
4 Bögen Alufolie

Zubereitungszeit: 55 Minuten
Garzeit: etwa 35 Minuten

Pro Portion:
E: 55 g, F: 40 g, Kh: 4 g,
kJ: 2503, kcal: 597

1 Makrelen innen und außen unter fließendem kalten Wasser abspülen und trockentupfen. Makrelen mit Salz und Pfeffer bestreuen.

2 Für die Füllung Tomaten waschen, kreuzweise einschneiden und einige Sekunden in kochendes Wasser legen. Tomaten kurz in kaltes Wasser legen, enthäuten, halbieren, entkernen und die Stängelansätze herausschneiden. Tomaten in Würfel schneiden.

3 Oliven vierteln, mit Oregano zu den Tomatenwürfeln geben. Petersilie abspülen und trockentupfen. Die Blättchen von den Stängeln zupfen, Blättchen fein hacken und unter die Oliven-Tomaten-Masse heben.

4 Die Makrelen mit der Oliven-Tomaten-Masse füllen. Jeweils 1 gefüllte Makrele auf je einen Bogen Alufolie legen und fest verschließen.

5 Die eingepackten Makrelen auf ein Backblech legen. Das Backblech in den Backofen schieben.

Ober-/Unterhitze: etwa 200 °C (vorgeheizt)
Heißluft: etwa 180 °C (nicht vorgeheizt)
Gas: Stufe 3–4 (nicht vorgeheizt)
Garzeit: etwa 35 Minuten.

6 Die Makrelen und das Gemüse aus der Alufolie nehmen, auf einer vorgewärmten Platte anrichten und mit Basilikumblättchen garniert servieren.

Beilage: *Reis.*

Tipp: *Sie können die Markrelen auch auf dem Grill garen, dann die eingepackten Markrelen auf den heißen Grill legen und unter gelegentlichem Wenden etwa 30 Minuten grillen.*

Meeräsche in Folie gegrillt

4 TK-Filets von der Meeräsche
(je etwa 150 g)
Salz
frisch gemahlener Pfeffer

1 Staudensellerie (etwa 500 g)
2 Tomaten (etwa 200 g)
1 kleiner Topf Zitronenmelisse
1 EL (40 g) Kapern
Knoblauchpulver

Außerdem:
4 Bögen starke Alufolie
4 EL Olivenöl
Saft von 1 Limette

einige Zitronenmelisseblättchen

Zubereitungszeit: 30 Minuten, ohne Auftau- und Marinierzeit
Grillzeit: etwa 20 Minuten

Pro Portion:
E: 31 g, F: 18 g, Kh: 5 g, kJ: 1282, kcal: 307

1 Fischfilets nach Packungsanleitung auftauen lassen. Filets unter fließendem kalten Wasser abspülen und trockentupfen. Mit Salz und Pfeffer bestreuen.

2 Sellerie putzen und die harten Außenfäden abziehen. Sellerie waschen, abtropfen lassen, in dünne Scheiben schneiden und in kochendem Wasser kurz blanchieren. Selleriescheiben in ein Sieb geben, mit kaltem Wasser übergießen, abtropfen lassen. Tomaten waschen, trockentupfen, vierteln, entkernen, die Stängelansätze herausschneiden.

3 Melisse abspülen, trockentupfen. Die Blättchen von den Stängeln zupfen, Blättchen hacken. Selleriescheiben, Tomatenviertel, Melisseblättchen und abgetropfte Kapern vermengen. Mit Salz, Pfeffer und Knoblauch würzen.

4 Jeweils 1 Fischfilet auf einen Bogen Alufolie (dünn mit Olivenöl bestrichen) legen. Die Gemüsemischung auf den Filets verteilen. Je 1 Esslöffel Olivenöl darauf träufeln. Die Alufolie so zu einem Päckchen zusammenfalten, dass keine Flüssigkeit auslaufen kann. Die gefüllten Päckchen zum Marinieren etwa 2 Stunden kalt stellen.

5 Die vorbereiteten Päckchen unter dem vorgeheizten Grill unter gelegentlichem Wenden etwa 20 Minuten garen.

6 Die Päckchen öffnen, Filets mit dem Limettensaft beträufeln, mit Zitronenmelisseblättchen garniert servieren.

Beilage: *Kleine halbierte Pellkartoffeln, in der Grillpfanne gebraten.*

Tipp: *Statt Meeräsche eignen sich auch Dorsch, Lachs oder Schellfisch. Die vorbereiteten Fischpäckchen auf ein Backblech legen und im vorgeheizten Backofen bei Ober-/Unterhitze: ca. 200 °C etwa 25 Minuten garen.*

Seelachsfilet in Folie gegart

4 Scheiben Seelachsfilet (je etwa 180 g)
Jodsalz
frisch gemahlener Pfeffer

2 kleine Stangen Porree (Lauch)
2 EL Speiseöl
4 Tomaten
½ Bund glatte Petersilie
3 EL Röstzwiebeln

Außerdem:
4 Bögen Alufolie (je etwa 20 x 30 cm)

Zubereitungszeit: 35 Minuten
Garzeit: 20–25 Minuten

Pro Portion:
E: 32 g, F: 12 g, Kh: 8 g,
kJ: 1127, kcal: 269

1 Seelachsfilets unter fließendem kalten Wasser abspülen und trockentupfen. Seelachsfilets mit Salz und Pfeffer bestreuen.

2 Porree putzen, die Stangen längs halbieren. Porree gründlich waschen, abtropfen lassen und in feine Streifen schneiden. Speiseöl in einem Topf erhitzen, Porreestreifen hinzugeben und unter mehrmaligem Wenden etwa 3 Minuten dünsten. Mit Salz und Pfeffer würzen.

3 Vier Bögen Alufolie auf einer Arbeitsfläche ausbreiten. Die Porreestreifen darauf verteilen. Je 1 Scheibe Seelachsfilet darauf legen.

4 Tomaten waschen, abtrocknen und die Stängelansätze herausschneiden. Tomaten in große Würfel schneiden. Petersilie abspülen und trockentupfen. Die Blättchen von den Stängeln zupfen. Blättchen grob hacken. Tomatenwürfel mit Petersilie und Röstzwiebeln mischen und auf den Seelachsfiletscheiben verteilen.

5 Fisch und Gemüse in der Alufolie fest einpacken und auf ein Backblech legen. Das Backblech in den Backofen schieben.

Ober-/Unterhitze: etwa 200 °C (vorgeheizt)
Heißluft: etwa 180 °C (vorgeheizt)
Gas: Stufe 3–4 (vorgeheizt)
Garzeit: 20–25 Minuten.

6 Jeweils 1 Seelachsfilet-Päckchen auf einen Teller legen, die Alufolie öffnen und den Fisch sofort servieren.

Beilage: *Pellkartoffeln.*

Tipp: *Statt Alufolie kann auch Backpapier verwendet werden.*

Gemüse & Kartoffeln

Gemüse gart schonend in seiner schützenden Hülle.

Auberginen, gebacken

4 schlanke mittelgroße
Auberginen (600 g)
Salz

8 enthäutete Tomaten
4 6 abgezogene Knoblauchzehen
200 g Mozzarella
50 g Salamischeiben
6 EL Olivenöl

einige Basilikumblättchen zum Garnieren

Außerdem:
4 Bögen Pergamentpapier

Zubereitungszeit: 40 Minuten, ohne Saftziehzeit
Garzeit: etwa 50 Minuten

Pro Portion:
E: 20 g, F: 28 g, Kh: 17 g, kJ: 1674, kcal: 399

1 Auberginen waschen, abtrocknen, Stängelansätze entfernen. Auberginen der Länge nach in etwa 1 ½ cm dicke Scheiben schneiden, jedoch nicht durchschneiden, so dass sie unten zusammenhängen. Die Einschnitte mit Salz bestreuen, etwa 30 Minuten stehen lassen.

2 Auberginen unter fließendem kalten Wasser abspülen und trockentupfen. Jeweils 1 Aubergine auf ein Stück Pergamentpapier (gefettet) setzen.

3 Tomaten halbieren, entkernen und Stängelansätze entfernen. Tomaten in Scheiben schneiden. Knoblauch in dünne Scheiben schneiden. Mozzarella abtropfen lassen, ebenfalls in dünne Scheiben schneiden.

4 Abwechselnd Tomaten-, Mozzarella- und Salamischeiben in die Einschnitte der Auberginen stecken, Knoblauchscheiben dazwischen verteilen, mit Olivenöl beträufeln. Die Auberginen in dem Pergamentpapier einpacken, auf ein Backblech setzen und in den Backofen schieben.

Ober-/Unterhitze: etwa 200 °C (vorgeheizt)
Heißluft: etwa 180 °C (nicht vorgeheizt)
Gas: Stufe 3-4 (nicht vorgeheizt)
Garzeit: etwa 50 Minuten.

5 Die Folie aufschneiden. Auberginen herausnehmen und anrichten. Mit Basilikumblätchen garnieren.

Beilage: *Ofenwarmes Baguette oder frisch gebackenes Knoblauchbrot.*

Junges Gemüse aus der Bratfolie

1 Bund junge Möhren (etwa 400 g)
1 Kohlrabi (etwa 250 g)
1 Fenchelknolle (etwa 250 g)
250 g Kaiserschoten
400 g neue kleine Kartoffeln
2 Bund Kerbel
4 junge Knoblauchzehen
2 EL Olivenöl
Meersalz
frisch gemahlener bunter Pfeffer

Außerdem:
1 Stück Bratfolie oder Bratschlauch

Zubereitungszeit: 35 Minuten
Garzeit: etwa 30 Minuten

Pro Portion:
E: 6 g, F: 6 g, Kh: 22 g, kJ: 698, kcal: 167

1 Möhren putzen, das Grün bis auf 2 cm abschneiden. Möhren schälen, abspülen und abtropfen lassen. Kohlrabi schälen, waschen, abtropfen lassen. Kohlrabi zuerst in Scheiben, dann in Stifte schneiden. Von der Fenchelknolle den Stiel dicht oberhalb der Knolle abschneiden. Braune Stellen und Blätter entfernen. Wurzelende gerade schneiden. Fenchel waschen, abtropfen lassen, in Stücke schneiden.

2 Von den Kaiserschoten die Enden abschneiden, Schoten evtl. abfädeln. Schoten waschen und abtropfen lassen. Kartoffeln gründlich unter fließendem kalten Wasser waschen und abbürsten. Kerbel abspülen und trockentupfen. Die Blättchen von den Stängeln zupfen. Blättchen grob zerkleinern.

3 Die vorbereiteten Gemüsezutaten in einer Schüssel mischen. Knoblauch mit der Haut in Scheiben schneiden und untermischen, Olivenöl hinzufügen, mit Salz und Pfeffer würzen.

4 Die Gemüsemischung auf ein großes Stück Bratfolie oder in den Bratschlauch geben, nach Packungsanleitung verschließen und auf ein Backblech legen. Das Backblech in den Backofen schieben.

Ober-/Unterhitze: etwa 200 °C (vorgeheizt)
Heißluft: etwa 180 °C (vorgeheizt)
Gas: Stufe 3–4 (vorgeheizt)
Garzeit: etwa 30 Minuten.

5 Die Folie aufschneiden. Das Gemüse in einer vorgewärmten Schale anrichten.

Tipp: *Für die Zubereitung können auch andere Gemüsesorten verwendet werden, z. B. Staudensellerie, Spargel, Prinzessbohnen und Zucchini.*

Peperonata

400 g Cocktailtomaten
je 1 rote, gelbe und grüne Paprikaschote (etwa 600 g)
4 mittelgroße Zucchini (etwa 400 g)
4 milde Peperoni (etwa 100 g)
3–4 Knoblauchzehen
1 Bund Majoran
2 EL Olivenöl
4 EL süße Chilisauce
Salz
frisch gemahlener Pfeffer

Außerdem:
1 Stück Bratfolie oder Bratschlauch

Zubereitungszeit: 35 Minuten
Garzeit: etwa 40 Minuten

Pro Portion:
E: 4 g, F: 6 g, Kh: 14 g, kJ: 551, kcal: 131

1 Tomaten waschen, trockentupfen, halbieren, entkernen und die Stängelansätze herausschneiden. Tomaten evtl. vierteln. Paprika halbieren, entstielen, entkernen und die weißen Scheidewände entfernen. Die Schoten waschen, trockentupfen und in große Stücke schneiden.

2 Zucchini waschen, abtrocknen, Enden abschneiden. Zucchini in Stücke schneiden. Peperoni abspülen, trockentupfen, längs halbieren, entkernen, ebenfalls in Stücke schneiden. Knoblauch abziehen und in sehr kleine Würfel schneiden. Majoran abspülen und trockentupfen. Die Blättchen von den Stängeln zupfen, Blättchen klein schneiden.

3 Die vorbereiteten Gemüsezutaten in einer Schüssel mischen, Olivenöl und Chilisauce darauf geben, mit Salz und Pfeffer würzen.

4 Die Gemüsemischung auf ein Stück Bratfolie oder in den Bratschlauch geben. Die Bratfolie oder den Bratschlauch nach Packungsanleitung verschließen und auf ein Backblech legen. Das Backblech in den Backofen schieben.

Ober-/Unterhitze: etwa 200 °C (vorgeheizt)
Heißluft: etwa 180 °C (nicht vorheizt)
Gas: Stufe 3–4 (nicht vorgeheizt)
Garzeit: etwa 40 Minuten.

5 Die Folie aufschneiden, das Gemüse herausnehmen und auf einem vorgewärmten Teller anrichten.

Beilage: *Frisch geröstetes Knoblauchbrot. Dafür kleine Grau- oder Weißbrote in Scheiben schneiden. Knoblauchbutter in einer großen Pfanne zerlassen. Die Brotscheiben darin von beiden Seiten hellbraun rösten.*

Fenchelschalen mit Zucchinifüllung

4 mittelgroße Fenchelknollen
250 ml (¼ l) Salzwasser

1 kleine Zucchini
1 kleine Zwiebel
4 EL Olivenöl
2 Knoblauchzehen
2 enthäutete Tomaten
1 Brötchen (Semmel) vom Vortag
1 Bund gehackte Petersilie
2 fein geschnittene Basilikumblätter
Salz
frisch gemahlener Pfeffer
1 Ei
40 g frisch geriebener Parmesan-Käse
40 g Butter

einige Dillspitzen zum Garnieren

Außerdem:
4 Bögen Alufolie

Zubereitungszeit: 40 Minuten, ohne Abkühlzeit
Garzeit: etwa 20 Minuten

Pro Portion:
E: 13 g, F: 24 g, Kh: 15 g, kJ: 1390, kcal: 333

1 Von den Fenchelknollen die Stiele dicht oberhalb der Knollen abschneiden, braune Stellen und Blätter entfernen, Fenchelgrün waschen, beiseite legen. Knollen waschen, abtropfen lassen und halbieren. Die Fenchelhälften so aushöhlen, dass jeweils die äußere Schale ganz bleibt. Fenchelfleisch und Fenchelgrün in kleine Würfel schneiden. Fenchelschalen in kochendem Salzwasser etwa 8 Minuten kochen, herausnehmen und abtropfen lassen.

2 Zucchini waschen, Enden abschneiden. Zucchini in kleine Würfel schneiden. Zwiebel abziehen, fein würfeln. Olivenöl in einem Topf erhitzen. Fenchel-, Zucchini- und Zwiebelwürfel darin andünsten, abkühlen lassen.

3 Knoblauch abziehen und fein würfeln. Tomaten halbieren, entkernen und Stängelansätze entfernen. Tomaten in kleine Würfel schneiden. Die vorbereiteten Gemüsezutaten in eine Schüssel geben.

4 Brötchen in kaltem Wasser einweichen, ausdrücken, mit den Gemüsezutaten vermengen. Petersilie abspülen, trockentupfen. Die Blättchen von den Stängeln zupfen. Blättchen fein hacken. Petersilie und Basilikum unter die Gemüsemasse mischen, mit Salz und Pfeffer würzen. Ei unterrühren. Die Füllung in den Fenchelschalen verteilen, mit Käse bestreuen und Butterflöckchen darauf setzen.

5 Jeweils 2 gefüllte Fenchelschalen auf ein großes Stück Alufolie (gefettet) setzen, fest verschließen und auf ein Backblech legen. Das Backblech in den Backofen schieben.

Ober-/Unterhitze: etwa 200 °C (vorgeheizt)
Heißluft: etwa 180 °C (vorgeheizt)
Gas: Stufe 3–4 (vorgeheizt)
Garzeit: etwa 10 Minuten.

6 Die Folienpäckchen öffnen und das Gemüse noch weitere etwa 10 Minuten im Backofen garen. Die Fenchelschalen mit Dillspitzen garniert servieren.

Folienkartoffeln mit Kräuterquark

8 mittelgroße Kartoffeln
Salz, Speiseöl

Für die Füllung:
200 g Sahnequark
2 EL Crème fraîche
1 große Zwiebel
1 EL Schnittlauchröllchen
1 EL gehackte Pimpinelle
frisch gemahlener Pfeffer

Außerdem:
8 Bögen Alufolie

Zubereitungszeit: 20 Minuten
Garzeit: etwa 40 Minuten

Pro Portion:
E: 10 g, F: 15 g, Kh: 29 g,
kJ: 1232, kcal: 294

1 Kartoffeln unter fließendem kalten Wasser sehr gründlich abbürsten, trockentupfen und schräg einschneiden. Die Einschnitte mit Salz bestreuen.

2 Acht Bögen Alufolie mit Speiseöl bestreichen. Die Kartoffeln einzeln darin einwickeln und unter dem vorgeheizten Grill etwa 40 Minuten unter mehrmaligem Wenden garen.

3 Für die Füllung Quark mit Crème fraîche verrühren. Zwiebel abziehen, in sehr kleine Würfel schneiden, mit Schnittlauchröllchen und Pimpinelle unter die Quark-Crème-fraîche-Masse rühren, mit Salz und Pfeffer würzen.

4 Wenn die Kartoffeln gar sind, die Alufolie öffnen. Die Kartoffeln mit 2 Gabeln aufbrechen und den Kräuterquark darauf verteilen.

Tipp: *Die Kartoffeln statt mit Kräuterquark mit Kräuterbutter füllen. Dafür in jeder Kartoffel mit Hilfe eines Apfelausstechers ein Loch ausstechen und mit Kräuterbutter füllen. Die Kartoffeln in Alufolie gewickelt wie unter Punkt 2 angegeben grillen oder backen.*

Folienkartoffeln in Crème-fraîche-Sauce

8 mehlig kochende Kartoffeln (etwa 1 kg)
Salz
Speiseöl zum Bestreichen

Für die Crème-fraîche-Sauce:
1 Becher (150 g) Crème fraîche
1 EL gehackte Petersilie
frisch gemahlener Pfeffer
evtl. etwas gemahlener Kümmel

Außerdem:
8 Bögen Alufolie

Zubereitungszeit: 60 Minuten
Garzeit: 45–60 Minuten je nach Größe der Kartoffeln

Pro Portion:
E: 6 g, F: 14 g, Kh: 35 g, kJ: 1225, kcal: 294

1 Kartoffeln unter fließendem kalten Wasser sehr gründlich abbürsten, trockentupfen und der Länge nach mit einem scharfen Messer etwa 1 cm tief einschneiden. Die Einschnitte mit Salz bestreuen. Die Kartoffeln einzeln in Alufolie (mit Speiseöl bestrichen) wickeln, auf den Backofenrost legen und in den Backofen schieben.

Ober-/Unterhitze: etwa 200 °C (vorgeheizt)
Heißluft: etwa 180 °C (nicht vorgeheizt)
Gas: Stufe 3–4 (nicht vorgeheizt)
Garzeit: 45–60 Minuten je nach Größe der Kartoffeln.

2 In der Zwischenzeit für die Crème-fraîche-Sauce Crème fraîche mit Petersilie verrühren, mit Salz und Pfeffer würzen. Nach Belieben mit etwas Kümmel abschmecken.

3 Wenn die Kartoffeln gar sind, Alufolie öffnen. Die Kartoffeln mit 2 Gabeln aufbrechen, mit der Sauce füllen.

Tipp: *Die Folienkartoffeln zu gegrilltem Fleisch oder Gemüse, zu Steaks oder als Snack servieren. Sehr große Kartoffeln (je etwa 250 g, dann genügt 1 Kartoffel pro Person) sind unter der Bezeichnung Backkartoffeln im Gemüse-Fachgeschäft zu bekommen, sie müssen allerdings meistens vorbestellt werden.*

Abwandlung 1: *Für Folienkartoffeln mit Lachs (Foto hinten) zusätzlich 100 g Räucher- oder Graved Lachs in sehr feine Streifen schneiden. Crème fraîche und Lachsstreifen in die heißen Kartoffeln füllen.*

Abwandlung 2: *Für Folienkartoffeln mit Meerrettichquark anstelle der Crème-fraîche-Sauce 200 g Speisequark (20 % Fett i. Tr.) mit 1–2 Esslöffeln Milch und 1–2 Esslöffeln geriebenem Meerrettich (aus dem Glas) verrühren, mit Salz abschmecken. 100 g Katenschinken fein würfeln und unterheben. Die heißen Kartoffeln mit Quark und Schinken füllen.*

Fächerkartoffeln mit verschiedenen Füllungen

8 große mehlig kochende Kartoffeln (je etwa 250 g)
4 Knoblauchzehen
Salz, frisch gemahlener Pfeffer
etwas Olivenöl oder zerlassene Kräuterbutter

Außerdem:
8 kleine Bögen Alufolie

Für die Heringssalat-Füllung:
200 g Heringsfilet
100 g rote Bete
1 Gewürzgurke (etwa 100 g)
4 EL Salatmayonnaise
Salz, frisch gemahlener Pfeffer

Für die Matjes-Füllung:
200 g Matjesfilet
1 Stück Apfel (etwa 150 g)
1 Bund Dill
100 g Crème fraîche
Salz, frisch gemahlener Pfeffer

Für die Schillerlocken-Füllung:
200 g Schillerlocken
100 g grüne Oliven ohne Stein
1 kleine rote Paprikaschote
Salz, frisch gemahlener Pfeffer
1 EL Weißweinessig
2 EL Speiseöl

einige Dillzweige zum Garnieren

1 Kartoffeln waschen, schälen und abtropfen lassen (neue Kartoffeln können ungeschält zubereitet werden, dann die Kartoffeln unter fließendem kalten Wasser gründliche abbürsten). Kartoffeln mit einem scharfen Messer fächerförmig einschneiden, aber nicht durchschneiden.

2 Knoblauch abziehen und in dünne Scheiben schneiden. Die Knoblauchscheiben in die Kartoffeleinschnitte stecken (Knoblauchscheiben in jeden zweiten Einschnitt stecken). Kartoffeln mit Salz und Pfeffer bestreuen, mit Olivenöl oder Kräuterbutter beträufeln.

3 Je 1 Kartoffel in einen Bogen Alufolie einschlagen, auf ein Backblech legen und in den Backofen schieben.

Ober-/Unterhitze: etwa 180 °C (vorgeheizt)
Heißluft: etwa 160 °C (nicht vorgeheizt)
Gas: Stufe 2–3 (nicht vorgeheizt)
Garzeit: etwa 60 Minuten.

4 Für die Heringssalat-Füllung Heringsfilet, rote Bete und Gurke in gleich große Würfel schneiden und in eine Schüssel geben, Mayonnaise unterrühren, mit Salz und Pfeffer abschmecken.

5 Für die Matjes-Füllung Matjes in kleine Würfel schneiden. Apfel schälen, entkernen, ebenfalls klein würfeln. Dill abspülen, trockentupfen. Die Spitzen von den Stängeln zupfen. Spitzen klein schneiden. Matjes, Apfelwürfel und Dill in einer Schüssel mischen, Crème fraîche unterrühren, mit Salz und Pfeffer abschmecken.

6 Für die Schillerlocken-Füllung Schillerlocken und Oliven in dünne Scheiben schneiden. Paprika halbieren, entstielen, entkernen und die weißen Scheidewände entfernen. Die Schote waschen, trockentupfen und in

(Fortsetzung Seite 82)

Zubereitungszeit: 45 Minuten
Garzeit: etwa 60 Minuten

Pro Portion:
E: 38 g, F: 58 g, Kh: 70 g,
kJ: 4032, kcal: 963

kleine Würfel schneiden. Schillerlocken-, Olivenscheiben und Paprikawürfel in einer Schüssel mischen, Essig und Speiseöl unterrühren, mit Salz und Pfeffer abschmecken.

7 Die Fächerkartoffeln vom Backblech nehmen und die Alufolie öffnen. Kartoffeln vorsichtig auseinander drücken und mit den Füllungen belegen. Kartoffeln in der Alufolie servieren.

Raffiniert

Käse-Gemüse, mediterrane Art

4 Romatomaten (längliche Strauchtomaten, etwa 300 g)
1 Aubergine (etwa 300 g)
1 Zucchini (etwa 300 g)
750 g Halloumi-Käse (Käse aus Zypern)
1 Dose italienische weiße Bohnen (Abtropfgewicht 250 g)
1 Topf Basilikum, Salz
frisch gemahlener Pfeffer
Knoblauchpulver, 2 EL Olivenöl

Außerdem:
1 Stück Bratfolie oder Bratschlauch

Zubereitungszeit: 30 Minuten
Garzeit: 30–35 Minuten

Pro Portion:
E: 61 g, F: 67 g, Kh: 15 g,
kJ: 3638, kcal: 876

1 Tomaten waschen, trockentupfen, Stängelansätze entfernen. Aubergine und Zucchini waschen, abtrocknen, jeweils den Stängelansatz abschneiden. Gemüse in gleich große Würfel schneiden. Käse ebenfalls würfeln.

2 Bohnen abtropfen lassen. Basilikum abspülen, trockentupfen. Blättchen von den Stängeln zupfen. Bohnen und Basilikum mit den Gemüse- und Käsewürfeln mischen. Mit Salz, Pfeffer und Knoblauch würzen. Olivenöl hinzufügen.

3 Die Käse-Gemüse-Mischung auf ein Stück Bratfolie oder in den Bratschlauch geben, nach Packungsanleitung verschließen und auf ein Backblech legen. Das Backblech in den Backofen schieben.

Ober-/Unterhitze: 180–200 °C (vorgeheizt)
Heißluft: 160–180 °C (nicht vorgeheizt)
Gas: etwa Stufe 3 (nicht vorgeheizt)
Garzeit: 30–35 Minuten.

4 Die Folie aufschneiden. Käse-Gemüse herausnehmen und in einer vorgewärmten Schale anrichten.

Beilage: *Ofenwarmes Baguette oder frisch gebackenes Knoblauchbrot.*

Raclette-Kartoffeln aus der Folie

800 g fest kochende Kartoffeln
Salz
1 Bund Frühlingszwiebeln
400 g kleine Tomaten
2 grüne Pfefferschoten
(mittelscharfe Peperoni)

etwas Butter zum Bestreichen

frisch gemahlener Pfeffer
250 g Raclette-Käse, in Scheiben geschnitten
8 EL Weißwein

Außerdem:
4 Bögen Alufolie

Zubereitungszeit: 50 Minuten, ohne Abkühlzeit
Garzeit: etwa 20 Minuten

Pro Portion:
E: 32 g, F: 18 g, Kh: 34 g, kJ: 1895, kcal: 464

1 Kartoffeln gründlich waschen, in einem Topf mit Wasser bedeckt zum Kochen bringen, Salz hinzufügen und in 20–25 Minuten gar kochen. Kartoffeln abgießen, abdämpfen und heiß pellen. Kartoffeln erkalten lassen und in Scheiben schneiden.

2 Frühlingszwiebeln putzen, waschen, abtropfen lassen und in Ringe schneiden. Tomaten waschen, trockentupfen, halbieren, entkernen und die Stängelansätze herausschneiden. Tomaten in Scheiben schneiden. Pfefferschoten abspülen, trockentupfen, längs halbieren, entkernen und in dünne Streifen schneiden.

3 Aus der Alufolie 4 Rechtecke (etwa 30 x 35 cm) schneiden, auf einer Arbeitsfläche ausbreiten und mit Butter bestreichen.

4 Jeweils ¼ der Kartoffel- und Tomatenscheiben dachziegelartig auf die Alufolie schichten, mit Salz und Pfeffer bestreuen. Frühlingszwiebelringe und Pfefferschotenstreifen darauf verteilen. Mit Käsescheiben belegen.

5 Alufolie an den Rändern hochschlagen, damit keine Flüssigkeit herausläuft. Die Zutaten mit Weißwein beträufeln und anschließend zu je einem Päckchen verschließen.

6 Die Päckchen auf ein Backblech legen. Das Backblech in den Backofen schieben.

Ober-/Unterhitze: etwa 220 °C (vorgeheizt)
Heißluft: etwa 200 °C (vorgeheizt)
Gas: Stufe 4–5 (vorgeheizt)
Garzeit: etwa 20 Minuten.

7 Die Päckchen öffnen und die Raclette-Kartoffeln in der Folie servieren.

Porreerollen mit Paprikareis

4 mittelgroße Stangen Porree (Lauch)
Salzwasser
4 Scheiben gekochter Schinken

Für den Paprikareis:
125 g Langkornreis
250 ml (¼ l) Fleischbrühe
1 EL Zwiebelwürfel
1 gestr. TL Paprikapulver edelsüß
Salz

1 geh. TL Speisestärke
6 EL Schlagsahne
1 Msp. gekörnte Brühe
frisch gemahlener Pfeffer
frisch geriebene Muskatnuss

Außerdem:
1 Stück Bratfolie und 1 Bratschlauch
oder 2 Bratschläuche

Zubereitungszeit: 20 Minuten, ohne Abkühlzeit
Garzeit: Reis etwa 35 Minuten, Porreerollen etwa 25 Minuten

Pro Portion:
E: 17 g, F: 7 g, Kh: 30 g, kJ: 1078, kcal: 258

1 Porree putzen, Wurzelenden abschneiden und die welken Blätter entfernen. Porreestangen gründlich waschen, abtropfen lassen und in Länge der Schinkenscheiben schneiden. Salzwasser zum Kochen bringen, Porreestangen hineingeben, zum Kochen bringen und etwa 10 Minuten kochen lassen, Porreestangen in einem Sieb abtropfen und abkühlen lassen.

2 Jeweils eine Porreestange in eine Scheibe Schinken einrollen. Die Porreerollen auf ein großes Stück Bratfolie oder in den Bratschlauch geben, nach Packungsanleitung verschließen und auf ein Backblech legen.

3 Reis in einen vorbereiteten Bratschlauch geben. Brühe mit Zwiebelwürfeln, Paprika und Salz verrühren, zum Reis geben. Den Bratschlauch nach Packungsanleitung sofort verschließen und ebenfalls auf das Backblech geben. Das Backblech in den Backofen schieben.

Ober-/Unterhitze: etwa 200 °C (vorgeheizt)
Heißluft: etwa 180 °C (vorgeheizt)
Gas: Stufe 3–4 (vorgeheizt)
Garzeit: Reis etwa 35 Minuten, Porreerollen etwa 25 Minuten.

4 Die Folien aufschneiden, den Paprikareis auf einer vorgewärmten Platte anrichten und die Porreestangen darauf legen.

5 Speisestärke mit etwas Wasser anrühren. Den Sud der Porreerollen und die Sahne in einen kleinen Topf geben, angerührte Speisestärke unterrühren. Den Sud unter Rühren kurz aufkochen lassen. Die Sauce mit Brühe, Salz, Pfeffer und Muskat abschmecken, auf den Porreerollen verteilen und sofort servieren.

Camembert mit Sauergemüse

400 g kleine fest kochende Kartoffeln
Salz
Kümmelsamen

2 Knoblauchzehen
4 Camembert (je 250 g, 45 % Fett)
2 EL Olivenöl
frisch gemahlener Pfeffer
100 ml trockener kräftiger Weißwein

1 kleines Glas Cornichons
(Abtropfgewicht 185 g)
1 kleines Glas Maiskolben
(Abtropfgewicht 180–200 g)

Außerdem:
4 Bratschläuche

Zubereitungszeit: 15 Minuten
Backzeit: etwa 10 Minuten

Pro Portion:
E: 54 g, F: 61 g, Kh: 17 g,
kJ: 3609, kcal: 862

1 Kartoffeln gründlich waschen und evtl. abbürsten. Kartoffeln mit Wasser bedeckt zum Kochen bringen, Salz und Kümmel hinzufügen. Die Kartoffeln in 20–25 Minuten gar kochen lassen.

2 Knoblauch abziehen und fein hacken. Camembert aus der Packung nehmen und jeweils in die Mitte eine Vertiefung drücken. Camembert mit Olivenöl bestreichen, mit Pfeffer und gehacktem Knoblauch bestreuen.

3 Camembert in je einen Bratschlauch legen und die Vertiefungen mit Wein füllen. Die Bratschläuche nach Packungsanleitung verschließen und auf ein Backblech setzen. Das Backblech in den Backofen schieben.

Ober-/Unterhitze: 180–200 °C (vorgeheizt)
Heißluft: 160–180 °C (vorgeheizt)
Gas: etwa Stufe 3 (vorgeheizt)
Backzeit: etwa 10 Minuten (der Camembert ist je nach Reifegrad fast zerlaufen).

4 Cornichons und Maiskolben abtropfen lassen. Kartoffeln abgießen.

5 Die Bratschläuche aufschneiden. Camembert herausnehmen und auf einer vorgewärmten Platte anrichten. Kartoffeln, Cornichons und Maiskolben als Beilage zum Camembert reichen.

Tipp: *Als Beilage zusätzlich Mixed Pickles und Silberzwiebeln reichen. Servieren Sie den Camembert mit einem geräucherten Schinken, z. B. Schwarzwälder Schinken.*

Brot & Brötchen

Hier finden Sie pikantes Gebäck aus der Hülle.

Dill-Knoblauch-Brot
(2 Portionen)

2 Bund Dill
3 Knoblauchzehen
100 g weiche Butter
1 EL Zitronensaft
½ gestr. TL Salz

2 kleine Baguettes

Außerdem:
2 Bögen Alufolie

Zubereitungszeit: 20 Minuten
Backzeit: etwa 10 Minuten

Pro Portion:
E: 8 g, F: 43 g, Kh: 52 g,
kJ: 2659, kcal: 635

1 Dill abspülen und trockentupfen. Die Spitzen von den Stängeln zupfen. Spitzen klein schneiden.

2 Knoblauch abziehen und durch eine Knoblauchpresse drücken. Butter mit Zitronensaft, Dill, Knoblauch und Salz verrühren.

3 Baguettes waagerecht aufschneiden und mit der Dill-Knoblauch-Butter bestreichen. Die Baguettes in je einen Bogen Alufolie wickeln, auf den Rost des Backofens legen und in den Backofen schieben.

Ober-/Unterhitze: etwa 220 °C (vorgeheizt)
Heißluft: etwa 200 °C (vorgeheizt)
Gas: Stufe 4–5 (vorgeheizt)
Backzeit: etwa 10 Minuten.

Tipp: *Die in Alufolie eingewickelten Baguettes können auch auf dem Holzkohlengrill in etwa 10 Minuten gegrillt werden.*

Würzige Pizza-Brötchen
(Beilage zu Salaten und anderen Gerichten)

2 Fleischtomaten (etwa 300 g)
80 g schwarze und grüne Oliven, ohne Stein

1 Pck. Grundmischung Pizzateig „Italienische Art"
2 Knoblauchzehen
1 Rosmarinzweig

4 EL Olivenöl zum Bestreichen

Außerdem:
2 Bögen Alufolie
Olivenöl

Zubereitungszeit: 50 Minuten
Backzeit: 25–30 Minuten

Pro Portion:
E: 8 g, F: 28 g, Kh: 52 g, kJ: 2072, kcal: 493

1 Tomaten waschen, trockentupfen, vierteln, entkernen und die Stängelansätze herausschneiden. Tomatenviertel in Würfel schneiden. Oliven in kleine Stücke schneiden.

2 Pizzateig nach Packungsanleitung zubereiten, Tomatenwürfel und Olivenstückchen unterarbeiten. Den Teig etwa 10 Minuten ruhen lassen. Dann den Teig in 12 Stücke teilen und jeweils zu flachen Ovalen (Brötchen) formen.

3 Knoblauch abziehen und in kleine Würfel schneiden. Rosmarin abspülen und trockentupfen. Die Nadeln von den Stängeln zupfen, Nadeln fein hacken.

4 Teigbrötchen kreuzweise mit einem scharfen Messer einschneiden und auf einem Backblech (mit Alufolie belegt, mit Olivenöl bestrichen) verteilen. Teigbrötchen mit etwas Olivenöl bestreichen, mit Knoblauchwürfeln und Rosmarin bestreuen. Einen zweiten Bogen Alufolie locker darauf legen und die Ränder mit der unteren Alufolie verbinden (zusammenfalten).

5 Das Backblech in den Backofen schieben und die Brötchen mit Alufolie bedeckt vorbacken.

Ober-/Unterhitze: etwa 200 °C (vorgeheizt)
Heißluft: etwa 180 °C (vorgeheizt)
Gas: Stufe 3–4 (vorgeheizt)
Backzeit: 20–25 Minuten.

6 Die obere Alufolie von den vorgebackenen Brötchen entfernen und die Brötchen **bei gleicher Backofeneinstellung weitere 5–10 Minuten backen** (Die Brötchen sollen etwas kross sein und eine goldbraune Farbe haben!).

7 Das Backblech auf einen Kuchenrost stellen. Die Brötchen sofort mit dem restlichen Olivenöl bestreichen und noch warm servieren.

Alphabetisches Register

Themenregister

Fleisch & Wurst

Fisch

Gemüse & Kartoffeln

Brot & Brötchen

Umwelthinweis	Dieses Buch und der Einband wurden auf chlorfrei gebleichtem Papier gedruckt. Die Einschrumpffolie – zum Schutz vor Verschmutzung – ist aus umweltfreundlichem und recyclingfähigem PE-Material.
	Wenn Sie Anregungen, Vorschläge oder Fragen zu unseren Büchern haben, rufen Sie uns unter folgender Nummer an 0521 155-2580 oder 5206-50 oder schreiben Sie uns: Dr. Oetker Verlag KG, Am Bach 11, 33602 Bielefeld oder besuchen Sie uns im Internet unter www.oetker.de.
Copyright	© 2005 by Dr. Oetker Verlag KG, Bielefeld
Redaktion	Carola Reich, Annette Riesenberg
Titelfoto	Thomas Diercks, Hamburg
Innenfotos	Thomas Diercks, Kai Boxhammer, Hamburg (S. 33, 53–67) Ulli Hartmann, Bielefeld (S. 79) Bela Hoche, Hamburg (S. 5, 11–31, 35, 39–51, 69–75, 81–93) Norbert Toelle, Bielefeld (S. 77) Bernd Wohlgemuth, Hamburg (S. 37)
Rezeptentwicklung und -beratung	Gerhard Ruhle, Hamburg Mechthild Plogmaker, Dr. Oetker Versuchsküche, Bielefeld
Nährwertberechnungen	Nutri Service, Hennef
Grafisches Konzept	kontur:design, Bielefeld
Gestaltung	kontur:design, Bielefeld
Titelgestaltung	kontur:design, Bielefeld
Reproduktionen	Fotolito Longo, Bozen/Italien
Satz	Typografika, Bielefeld
Druck und Bindung	MOHN Media • Mohndruck GmbH, Gütersloh

ISBN 3-7670-0746-0